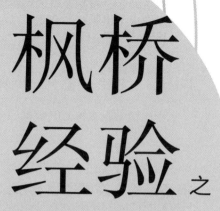

枫桥经验 之

婚姻家事调解案例

蔡娟 —— 主编

 浙江工商大学出版社
ZHEJIANG GONGSHANG UNIVERSITY PRESS

·杭州·

图书在版编目（CIP）数据

枫桥经验之婚姻家事调解案例 / 蔡娟主编. — 杭州：
浙江工商大学出版社，2023.7（2023.8 重印）
ISBN 978-7-5178-5524-8

Ⅰ．①枫… Ⅱ．①蔡… Ⅲ．①婚姻家庭纠纷－调解（
诉讼法）－案例－中国 Ⅳ．① D925.114

中国国家版本馆 CIP 数据核字（2023）第 107859 号

枫桥经验之婚姻家事调解案例
FENGQIAO JINGYAN ZHI HUNYIN JIASHI TIAOJIE ANLI

蔡 娟 主编

策划编辑	张 玲
责任编辑	张 玲
责任校对	夏湘娣
封面设计	林朦朦
责任印制	包建辉
出版发行	浙江工商大学出版社
	（杭州市教工路 198 号　邮政编码 310012）
	（E-mail：zjgsupress@163.com）
	（网址：http://www.zjgsupress.com）
	电话：0571-88904980，88831806（传真）
排　　版	杭州彩地电脑图文有限公司
印　　刷	杭州宏雅印刷有限公司
开　　本	880 mm×1230 mm　1/32
印　　张	8.125
字　　数	196 千
版 印 次	2023 年 7 月第 1 版　2023 年 8 月第 2 次印刷
书　　号	ISBN 978-7-5178-5524-8
定　　价	50.00 元

编委会

前　言

习近平总书记在党的二十大报告中指出，要完善社会治理体系，健全共建共治共享的社会治理制度，提升社会治理效能。在社会基层坚持和发展新时代"枫桥经验"，完善正确处理新形势下人民内部矛盾机制，加强和改进人民信访工作，畅通和规范群众诉求表达、利益协调、权益保障通道，完善网格化管理、精细化服务、信息化支撑的基层治理平台，健全城乡社区治理体系，及时把矛盾纠纷化解在基层、化解在萌芽状态。

河南省清丰县委、县政府学习党的二十大报告精神，学习"枫桥经验"，在全县建立推广"娟子式家事调解工作室"，打通服务群众"最后一公里"，充分发挥县、乡、村三级妇联干部在家事调解工作中的优势，扎实推进婚姻家庭矛盾纠纷的预防化解工作，以小家和谐促社会和谐，以家庭"小平安"构筑社会"大平安"。

习近平总书记高度重视婚姻家庭工作，多次指出："不论时代发生多大变化，不论生活格局发生多大变化，我们都要重视家庭建设，注重家庭、注重家教、注重家风，紧密结合培育和弘扬社会主义核心价值观，发扬光大中华民族传统家庭美德，促进家庭和睦，促进亲人相亲相爱，促进下一代健康成长，促进老年人老有所养。""我们要重视家庭文明建设，努力使千千万万个家庭成为国家发展、民族进步、社会和谐的重要基点。""家庭是社会的细胞。家庭和睦则社会安定，家庭幸福则社会祥和，家庭文明则社会文明。"在 2022 年的新年贺词中，习近平总书记讲道："千头万绪的事，说到底是千家万户的事。"

创办于 2017 年的家事调解工作室——娟子工作室，至今已接听 24 小时家事热线电话 7500 多个，调处家事类纠纷 900 多起，帮助 600 多个家庭重新找回幸福。娟子工作室做到件件有登记，事事有着落，已经成为婚姻家事调解的一个品牌。

清丰县委、县政府不断推广普及"娟子式家事调解工作室"。为了更好地培养一批专业、优秀的家事调解员，娟子工作室创办人蔡娟组织编纂了这本娟子式家事调解员培训读本。

本书由四章组成。第一章有 5 篇文章，从多个方面围绕与调解密切相关的重要问题进行理论上的阐释，旨在提高调解员的思想理论水平和分析问题的能力。第二章有 5 篇文章，重点围绕家事纠纷调解，为调解员提供家事纠纷调解的经验和切实可行的做法及思路。第三章是关于家事纠纷调解的典型案例，涉及离婚、继承、析产、赡养、抚养、家暴等，是蔡娟从 6 年成功调解的 900 多件家事纠纷、160 余万字案件记录中选择的有代表性的案件。第四章由 4 部分组成，是根据各级新闻媒体关于蔡娟事迹的报道材料整理而成，主要介绍蔡娟如何践行和传播"枫桥经验"，宣传、推广"清丰模式"，如何组织实施"娟子式调解员"培养计划，将"娟子工作室＋妇联"模式落实到基层，提高他们预防化解矛盾纠纷的能力水平。

目 录

第四章　积极打造家事调解品牌

附　录

1

第一章
娟子式调解员之理论素养

调解的是矛盾　理顺的是民心
——关于人民调解"清丰模式"的调研报告

濮阳市委办公室"清丰模式"调研组
谢海萌　郭运岭　王军磊　段成文

　　人民调解是一项具有中国特色的化解矛盾、消除纷争的非诉讼纠纷解决方式，在维护社会和谐稳定方面发挥了重要作用，被国际社会誉为"东方经验"。近年来，全国各地积极探索，通过聚合人民调解组织、人员、案件信息，运用大数据技术智能分析等方式，形成了一系列新模式、新方法，其中河南省清丰县的做法就是一个典型案例，被司法部称为人民调解"清丰模式"。近日，濮阳市委办公室会同清丰县委办公室，深入县综治中心及部分乡镇进行专题调研。

一、做法与成效

清丰县聚焦人民调解工作中的痛点和堵点问题，组建一个协会理顺关系、实施一个计划提升素质、建立三项机制激发动能、开展三调联动汇聚合力，基层矛盾纠纷得到及时有效化解。2018年以来，清丰县成功调解案件量由每年1000余起增加到每年6000余起，赴省到京越级上访量下降了65%，实现了85%的村没有上访户。2020年12月，清丰县联合人民调解委员会被表彰为"全国模范人民调解委员会"。2021年9月，清丰县在全省平安建设工作会议上做典型发言。人民调解的"清丰模式"先后被中央电视台、《法治日报》、"学习强国"学习平台、《人民调解》杂志等媒体报道，并被写入中国共产党濮阳市第八次代表大会、濮阳市委八届二次全体会议及市委经济工作会议报告，已有300余个省内外考察团赴清丰县考察学习。

1. 组建调解协会，理顺人员关系

2018年6月，清丰县组建全省首个县级人民调解员协会，该协会在民政部门注册登记，成为全国第一个承接政府购买服务的人民调解员协会。专职人民调解员由协会招聘，统一派遣到县乡各人民调解委员会，第一批共招聘75名。协会利用钉钉App对调解员进行考勤，利用智慧调解平台进行考核，根据考勤考核情况发放报酬，兑现奖惩，整体工作效能得到大幅提升。

2. 实施培养计划，提升能力和素质

2019年11月，清丰县引进浙江省枫桥镇品牌调解室——娟子工作室负责人蔡娟作为调解工作指导专家。12月2日，清丰县娟子工作室挂牌组建，成立以蔡娟为书记的人民调解员协会党支部，实施"娟子式调解员"培养计划，坚持每月举办一期调解员培训班，蔡娟每两个月带一名学徒，及时对全县调解员队伍进行轮训。目前，清丰县已培养出老陈、英子等七个品牌调解工作室。队伍整体素质大幅提升，调解案件量成倍增长。

3. 建立激励机制，激发干事动能

（1）岗位晋升机制。研究制定《职业调解师制度》，规定达到一定条件的优秀调解员，经考核由人民调解员协会聘为职业调解师，分为初、中、高、特四级，每晋升一档，月固定补贴增加100元，每晋一级，季度奖增加150元。这一制度的实施，培养和留住了一批年轻优秀的调解人才。目前已有14名职业调解师脱颖而出。

（2）竞争评优机制。每月举办一期"我的调解故事"宣讲，从当月调解的案件中挑选出精彩案例，讲技巧、讲受益、讲启示，评出一、二、三等奖，颁发证书和奖金，这既促进经验交流，又增强职业荣誉感。

（3）奖惩并举机制。将调解的固定补贴改为"日薪50元＋月满勤奖200元＋案件补贴每起100—300元"，季度考核的后三名要分别拿出3000元奖励给前三名，对连续三次最后一名的，实行末位淘汰制。多劳多得、赏罚严明的奖惩并举机制，充分调动了调解员的积极性。

4. 构建联动体系，凝聚调解合力

（1）"访诉调"联动。将信访、诉讼和人民调解相结合，清丰县信访局全体人员、县司法局20余人组成了县矛盾调解中心。10余人组成的司法确认和简案速裁队伍全部集中在县综治中心办公。对各类矛盾纠纷事件，县信访局负责分流、督办落实，县矛盾调解中心集合责任单位参与调解，县法院对调解成功的案件进行司法确认，对调解不成功的予以立案。推动矛盾纠纷事件从信访渠道到法律渠道的正向导流，形成信访接待、人民调解、行政裁决、司法确认、简案速裁等工作的无缝对接。

（2）"律心调"联动。公共法律服务协会、心理协会和人民调解员协会三方建立合作机制，在县乡综治中心设立律师工作室和

心理疏导室，对性格偏执的调解对象予以心理疏导，对违法性问题进行前置律师咨询，并对调解协议进行合法性审查，进一步提高调解成功率。

（3）"县乡村"联动。成立县联调委，联合县18个专业调解组织和17个乡（镇）、503个行政村的人民调解委员会，形成合力。县联调委设立调解室、调度室、调解信息中心、远程视频调解室，通过信息平台及时接收、分办、协办、督办和考核各类矛盾纠纷，打通体制机制堵点和难点。

三大联动机制，形成了"拳头效应"，确保"小事不出村，大事不出乡，矛盾不上交"，实现了把矛盾纠纷有效化解在基层。

二、启示与思考

加强推进基层人民调解工作，充分化解新型矛盾纠纷，有效维护群众合法权益，是新形势下创新社会治理、完善矛盾纠纷多元化解机制的重要内容和迫切需要。清丰县从初期探索、亮点打造，到品牌效应，使人民调解工作的质量和水平得到全面提高，影响力不断提升，为我们带来诸多启示。

启示一：做好人民调解工作，必须夯实党政齐抓共管的主体责任。

一项工作干得好与不好，领导重视与否是关键。清丰县委、县政府与各乡（镇）、县直各部门签订人民调解工作目标责任书，将人民调解工作列入社会治安综合治理与平安创建工作目标督查内容。县司法局制定人民调解工作考核实施意见，为调解工作有序推进提供组织保障。实践证明，在推进基层人民调解工作过程中，基层党委必须发挥领导作用，基层政府必须发挥主导作用，这是党委和政府应该承担的主体责任。因此，要做好人民调解工作，就要把人民调解工作列入党委和政府重要议事日程，纳入社会治安综合治理的总体规划，纳入年度工作考核目标，与中心工作同部署、同落实、同检查，做到组织领导到位、工作落实到位、经费保障到位、责任考核到位。

启示二：做好人民调解工作，必须打造全覆盖无缝隙的组织网络。

成立组织可以明确工作目标、提高效率、凝聚人心，并对每一名成员进行经常和必要的教育、管理和监督。清丰县在县乡（镇）人民调解委员会的基础上，在全县 503 个村成立村级人民调解委员会，由村支部书记任主任，加强党对人民调解工作的领导。同时，针对人民调解工作"老大难"问题，依托全县各级人民调解委员会，探索出"一教一巡一竞岗，两账三桥三划档"系列创新做法，即通过开展思想入党教育提升思想引领力，通过成立巡查组进行密集巡查提升制度执行力，通过竞争上岗优化组合提升团队战斗力，通过建立党建和业务双台账提升工作推动力，通过发挥工青妇三个群团组织的桥梁纽带作用提升组织凝聚力，通过考评把所有股室和司法所划分为"好、中、差"三个档次提升业务争先力，使队伍展现出强大的组织力、凝聚力、创造力和战斗力。实践证明，人民调解千难万难，有了组织才不难。因此，做好人民调解工作，就必须运用各级调解组织的资源融合优势和动员能力，构建全覆盖无缝隙的组织网络，以共建激活共治、以共治促进共享，真正走出一条群众参与的社会治理之道。

启示三：做好人民调解工作，必须构建科学、完善、管用的调解机制。

机制管常态，也管长效。清丰县在全省率先探索建立行政调解、司法调解、人民调解"三调联动"机制，信访局、法院、调委会合署办公，律师、心理咨询师、调解员共同参与，实现"访、诉、调"协调，全县 17 个乡（镇）全部组建专业法律小组和公共法律服务协会，采取政府购买公共法律服务的方式，为每个乡（镇）配备专业人才，制定严格的绩效考核办法，调动法律顾问深入一线开展服务的积极性。实践证明，要多元化解矛盾纠纷，机制建设不可或缺。因此，做好人民调解工作，要注重把人民调解、行政调解和司法调解结合起来，完善多渠道解决争端的机制。采取多种手段、多方参与、互相配合、协同作战的方法，对矛盾纠纷进行综合调处，形成社会化联动的"大调解"格局。

启示四：做好人民调解工作，必须建立高水平专业化的人才队伍。

加强人民调解员队伍建设，对于提高人民调解工作质量，充分发挥人民调解维护社会和谐稳定"第一道防线"作用具有重大意义。清丰县通过组建县级人民调解员协会，把讲政治、懂政策、公道正派、善于做群众工作的人员吸收进来，建立调解员学习制度，通过举办培训班、组织交流经验演讲，以及以会代训、现场观摩等形式，对人民调解员进行分批分级培训，有效提高基层调解组织和调解员履职尽责的能力。实践证明，哪个领域也离不开专业人才。人民调解工作尤其如此。因此，做好人民调解工作，要从严格人员遴选考核、优化队伍结构、增强能力和素质等方面着手，着力提高素质，完善管理制度，强化工作保障，努力建设一支政治合格、熟悉业务、热心公益、公道正派、秉持中立的人民调解员队伍。

（本文刊载于《学习与研究》2022 年第 3 期）

"三治融合"与新形势下经济社会矛盾调解创新研究

洛阳市偃师区政协　马洪亮　濮阳市清丰县司法局　蔡　娟

社会矛盾客观存在，调解作为以道德为依托、以自觉为遵循的矛盾纠纷非诉讼处理方式，对我国社会的和谐稳定和推进法治现代化进程发挥了重要作用。"十四五"时期，是我国由全面建成小康社会向基本实现社会主义现代化迈进的关键时期，从内部环境来看，我国主要矛盾已经转变为"人民日益增长的美好生活需要和不平衡不充分的发展之间的矛盾"。新时代、新阶段，面临新矛盾、新问题、新挑战。党的十九大报告指出，健全自治、法治、德治相结合的乡村治理体系。这就要求我们要充分重视积压矛盾问题的解决，注重调解新动力的构建，加强矛盾调解创新，发挥调解的独特优势，构建"大调解"工作格局，化解影响营商环境、社会秩序和市场主体活力的社会矛盾，持续满足人民日益增长的美好生活需要和对政法工作的新期待、新要求。

一、新形势下经济社会矛盾呈现的新特征

由于经济体制深刻变革、社会结构深刻变动、利益格局深刻调整、思想观念深刻变化，经济高速增长背后的隐患和矛盾逐渐浮出水面。新形势下，基层经济社会矛盾纠纷也呈现出一些新特点、新特征。

1. 主体多元化

纠纷的主体正向多元化方向发展。随着阶层、群体的分化，社会矛盾纠纷涉及全社会诸多社会群体和不同社会阶层。纠纷当事人已由过去较为单一的公民主体，过渡到公民与法人、法人与法人、公民与政府之间的多元化主体。

2. 类型多样化

随着社会发展的多元化、信息化和基层单位民主进程的逐步推进，不同利益群体的矛盾纠纷不断出现。目前，基层矛盾纠纷除了包括婚姻家庭、抚养赡养等传统类型，还涉及非法集资、土地征用、房屋拆迁、问题楼盘、企业改制、劳动就业、社会保障、涉法涉诉、教育医疗、消费物业、交通事故、环境污染等新型矛盾纠纷。

3. 规模群体化

伴随着经济的快速发展，越来越多的群众的民主法治意识不断增强，自主化程度不断提高，矛盾的主体越来越以利于群众的面目出现。

4. 诉求复杂化

当前，形成矛盾纠纷的社会因素较多，生成的过程较复杂，导致的后果较严重，在矛盾纠纷此消彼长碰撞的过程中，还关联诸多不确定因素，其后果不是涉及一个人或几个人的利益，而是涉及众

多当事人的利益，甚至可能引起一系列的连锁反应，增加了当前矛盾纠纷的不可预见性。

5. 矛盾易激化

涉及切身利益的矛盾，维权成本太高。一些部门"踢皮球"使当事人感到正当维权无望，你来我往中部分当事人采取使矛盾激化的方式，甚至使其演变成恶性冲突。有些纠纷本来是小事，由于种种原因没有得到及时化解甚至被激化。另外，有的纠纷潜伏期较长，经过一段时间的发酵和积聚，引发了集体上访或群体性事件。

6. 处置疑难化

矛盾的表达往往采取多渠道、多样化的形式，维权的目的和手段常常脱节。矛盾的焦点往往直接或者间接集中到政府，县级及以下政府往往首当其冲。矛盾纠纷的复杂性，也增加了基层政府解决矛盾纠纷的难度。一些因历史原因导致的复杂矛盾纠纷，牵涉多个部门，时过境迁，物是人非，甚至政策、法律都发生了很大变化，有关单位部门和基层组织很难做到把握各方面关系，处置不偏不倚、恰到好处，及时予以解决，导致矛盾纠纷久拖不决，甚至增加矛盾调处化解的难度，影响社会的和谐稳定。

二、当前经济社会矛盾调解工作状况

在我国，调解是一种最广泛、最普及、最便捷的法律服务，具有深厚的文化传统、广泛的群众基础。目前全国共有 350 万名人民调解员活跃在预防化解矛盾的第一线，在维护社会政治稳定中发挥着不可替代的作用，使 90% 以上的社会矛盾纠纷化解在基层，消除在萌芽状态。

1. 街乡镇设立新兴调解组织

目前一些新兴的调解组织，如街乡镇人民调解委员会，已经不是在村（居）民委员会这样的自治组织下设立的，而是在乡镇政府组织下设立的；人民调解委员会的委员也不再经村（居）民代表大会选举产生，而是由乡镇司法所聘任。这些新兴的调解组织在性质上已经突破了群众自治性质，其财政支持也来源于政府，其性质更倾向于"自律性"的公益组织。设立于县级信访综治等部门或者发达地区城市街道的"人民调解工作室""调解热线"等调解组织，有专业化的调解人员（调解师），调解成功率高，具有解决信访问题、提供法律咨询等功能和行政或者准司法的权力背景，是调解组织的创新举措。

2. 发达地区出现大量公益调解组织

浙江省探索"三治融合"，"多向互动"焕发"乘数效应"，促进矛盾在源头化解。湖州市吴兴区织里镇，45 万人口中外来人口多达 35 万人，近年来织里镇相继成立了 13 个商会组织，打造"红色楼长""红色店小二"，组建由新居民组成的"平安大姐"矛盾调解队伍……这些举措有效促进了外来人口与本地居民的"融合"。绍兴市发动社会力量参与人民调解，枫桥镇近年来在党委政府的推动下和广大群众的自发参与下，共创、共建、共治、共享各类社会组织。如建立调解志愿者协会、"红枫义警"、"枫桥大妈"、"义工"协会、娟子工作室、乡贤会、孝德文化协会、"三贤"文化协会等各类社会组织 53 个，有会员 3000 多人，村级社会组织 200 多个，会员 2 万多人，实现专职、兼职、志愿三联运作，既做调解员又做宣传员。

3. 创新在线化解矛盾纠纷

利用现代先进通信技术，推广和运用在线矛盾纠纷多元化解平台。浙江省移动微法院等为群众提供快速便捷司法服务，使人隔千里，足不出户，也能实现通过电话调解、视频调解来化解矛盾纠纷的目的，满足了快节奏现代化生活的需要。上海市司法局推动建设"智慧调解"系统，为人民调解员搭建全流程、全终端的纠纷化解工作平台。"一屏观天下，一网解千愁"，这是上海智慧调解平台的建设理念，也是其今后的努力方向。智能移动调解终端的功能主要包括案件信息快速录入、专家远程连线、调解云学院、法案智搜等，实现了调解员走到哪调到哪解到哪，较好地提高了调解员的工作效率。截至目前，偃师法院已经运用"人民法院调解平台"调解多起民事案件，运行效果良好。

4. 调解志愿者组织让矛盾在网格中化解

各地建立调解专家库和调解志愿者队伍，使当事人自愿选择调解员为其服务成为现实。三级联调和现实中的逐级调解制度使大量矛盾纠纷在村级得以解决，真正实现了小事不出村组，大事不出乡镇，难事不出县市，纠纷不激化，矛盾不上交。江苏省南通市妇联倡导和谐婚姻正能量，在全国首创"1545"和谐婚姻幸福家庭引导机制，全市共有 1960 个"老舅妈"调解室，4840 名"老舅妈"调解员活跃在城乡，成为预防化解婚姻家庭矛盾纠纷的第一道防线。

5. 基层法庭探索创新诉调模式成效明显

枫桥法庭被评为全国十佳基层法庭，其创新诉调经验主要有 3 条：一是创新"四环指导法"。即：抓住"诉前"环节，实行《法律指导制度》；抓住"诉时"环节，实行《民间纠纷劝导制度》；抓住"诉中"环节，实行《人民陪审员、人民调解员旁听制度》；抓住"诉后"环节，实行《人民调解委员会调解协议审理结果反馈制度》。二是创新法官调解诉调同向联调机制"三维度"。即开庭前调解审查诉辩合理度，开庭时调解引导对基本事实认同度，休庭后分头解说以判决方式结案基准度。三是创设多个特色调解工作室。如"枫桥大妈"帮助化解婚姻家庭类纠纷，乡贤会帮助化解继承及邻里纠纷，行业协会帮助化解辖区内比较专业的行业性纠纷，等等。引入社会力量不定期进驻法庭参与调解，倡导"社会调解优先，法院诉讼断后"的纠纷解决理念。浙江省桐乡市法院的驻庭调解员们也发挥了巨大作用。崇福法庭4名常驻调解员，均由镇司法所聘任，在常驻法庭开展诉前调解工作。2019年上半年，崇福法庭立案500余起，同比下降了11%。

三、当前社会矛盾调解机制存在的问题

近年来随着社会转型以及利益格局的调整，矛盾纠纷的主体、内容、成因等都发生了深刻变化，原有的人民调解工作机制已经不能适应现阶段调解工作的需求。

1. 联调联动体系尚未完全形成

虽然各地在实践中存在着人民调解、司法调解、行政调解、组织调解（如行会商会类）等各类非诉讼解决方式，但各种纠纷解决方式缺乏明确而合理的分工，对矛盾纠纷没有建立起合理的分流及有效衔接机制，尚未形成一个完整的多元化纠纷解决的大调解机制体系。目前，诉调、警调方面建立了较有效的衔接机制，其他如访调、检调、执调对接、行业部门联动等方面的衔接机制尚处于探索阶段。另外，对各种非诉讼解决方式的功能、程序和优点宣传不够，群众对非诉讼解决方式不了解、难利用，这也导致了一些纠纷解决机制虚设、单一，解决纠纷的效率不高、效果不佳。

2. 部分纠纷调解的作用发挥不明显

社会矛盾纠纷调解尚无具体的、有操作性的认定准则，非诉讼解纷方式的处理结果缺少法律的强力保障，权威性不够。

首先，民间调解作用有限。在"三治"并进工作中，民间调解的社会化、制度化、自治化程度仍然较低。村（社区）层面没有完

全形成有效机制，群众参与度不够。虽然"一约四会"制定了相关制度，但群众知晓率、参与率不高，与村规民约等结合不够，在作用有效发挥方面还存在不足，成效不够明显。

其次，行业性、专业性调解作用发挥不充分。过去我国基层人民调解在人民群众身边多以"老娘舅""和事佬"等形象出现。随着矛盾纠纷的类型发生新变化，行业性、专业性调解显得愈发重要。司法部的《调解工作蹲点调研报告》显示，有的地方对行政调解及行业性、专业性调解的指导工作刚刚起步，行政调解及行业性、专业性调解的作用还未得到有效发挥。另外，在同一行业、专业领域内多种调解组织和机制并存，造成调解资源分散和浪费，这需要加强统筹指导、协调服务，形成工作合力。行政裁决效率高而成本低，本来应当是一种较优的纠纷解决途径，但现实情况是除公安、市场监管、自然资源和规划等行政部门外，其他行政机关由于法律、法规没有明确规定其调解任务，因此缺乏化解纠纷的主动性，对于裁决民事纠纷态度不积极。

再次，调解解决纠纷机制随机性太大。有些矛盾纠纷经单一调解组织（人员）或者调解程序难以解决且通常具有较大社会危害或影响，如群体上访、政策诉求型纠纷，涉及民族宗教统战方面的纷争、群体性事件等。对这类纠纷的解决，当事人因循不同风俗经常会提出一些让人认为离奇的诉求，这些诉求往往缺少科学、合理、稳定和系统的方式及程序支持。这些纠纷由于政策性专业性太强而不被多数人知晓，处理起来反而随机性太大，甚至存在懈怠、违背政策或过于敏感而无从下手的现象。

3. 不同调解方式各有优势和缺陷

人民调解、行政调解、司法调解等纠纷非诉讼多元化解方式，在矛盾纠纷的解决过程中都表现出一定的优势和缺陷。人民调解几乎没有成本，但也存在法律效力不足，调解程序执行不规范、不严格的问题，并且人民调解达成的协议容易遭当事人反悔，要强制执行需经人民法院审查，往往不能成为纠纷解决的"终局"。司法调解有程序规范、调解法律效力高、当事人认同度较高等优点，但也存在着"以压促调""以判促调"等不足。行政调解只能适用于事实清楚、权利关系明确的案件，简单说就是有明确对和错的案件，但在调处成因复杂、时间久远的案件时往往显得力不从心，并且行政调解结果没有明确的法律效力。

四、经济社会矛盾调解机制创新建议

新形势下经济社会矛盾呈现出新特征，结合当前调解方式化解社会矛盾的状况，对经济社会矛盾调解方式方法的创新，是维护群众合法权益、密切党群干群关系、促进社会和谐稳定的迫切需要，也是加快平安建设，推进法治中国、和谐社会进程的重要保障。因此，要借鉴和推广浙江、广东、河南等地的先进经验，坚持和发展新时代"枫桥经验"，统筹推进新时代调解工作的措施和办法，构建大调解工作格局，努力打造新时代调解工作升级版，推进平安中国、法治中国建设。

1. 加强领导，坚持原则，确保方向正确

要进一步加强组织领导，牢牢把握基本原则，强化工作统筹、指导和监督，注重发挥职能部门的作用，厘清各部门的工作职能和职责边界，形成调解工作整体合力。要坚持党委领导、政府主导，发挥党委政法委组织协调作用，发挥司法行政主管部门的职能，鼓励社会各方参与纠纷化解。要牢牢把握以下基本原则：①坚持党的领导；②坚持以人为本；③坚持预防为主；④坚持依法调解；⑤坚持公平正义；⑥及时就地化解；⑦坚持统筹协调；⑧坚持创新发展。

2. 强化制度，注重创新，完善长效机制

首先，健全和完善矛盾纠纷滚动排查机制、分析研判制度和分层分级化解机制，完善"三级联调"程序，提高社会矛盾化解整体合力。矛盾纠纷原则上由发生地村（居）人民调解委员会进行调解，疑难矛盾纠纷可由镇（街道）人民调解委员会统筹本镇（街道）人民调解员进行调解，重大复杂或者跨区域矛盾纠纷由市人民调解中心组织人民调解专家进行调解。进一步健全、完善以人民调解为基础和依托，人民调解与司法调解、行政调解有效衔接的"三调联动"工作机制。

其次，不断拓展延伸调解领域、创新方式方法。镇（街道）全部实现矛盾调解专家组与人民调解委员会合署办公，积极发展企事业单位人民调解委员会。鼓励设立具有独立法人地位的商事调解组织，开辟"调解在线"电视栏目，探索有偿调解，加快推进信息化智能化助推矛盾纠纷调处化解，成立人民调解员协会，开展复杂疑难案件招投标、村（居）委会信访事项公开等试点。

再次，探索和完善司法确认保障制度，彰显法律权威。从以往来看，案情复杂或者涉及金额较大的案件，存在调解之后双方反悔或需反复调解的情况。为避免这种情况，对在人民调解委员会达成的调解协议，通过司法程序确认，赋予其法律效力，有效破除以往人民调解协议没有法律强制力的困境。应当建立健全调解与公证、仲裁、行政裁决、行政复议、诉讼等的衔接联动机制，通过司法确认、公证、仲裁等方式增强调解协议的法律效力。建议通过立法补充等方式，赋予人民调解"强制执行力"。

最后，完善大调解部门参与、沟通协调、社会监督机制。要完善调解组织，建立行业协会调解、律师调解、商事调解等机制，实施访调、诉调、警调、检调、执调对接，推进矛盾纠纷及时就地化解。

（1）加强基层调解组织建设，形成完善的调解工作网络，充分发挥"第一道防线"的作用和熟人优势，化解基层绝大多数社会矛盾。

（2）建立多部门多组织参与的调解机制。

（3）加强部门及地域间的沟通交流，实现资源共享。

（4）强化工作衔接，协调好各种调解手段之间的关系，加强矛盾调解前、调解中、调解后各调解手段之间的有机联系和有效连接。

（5）建立"访调对接"工作机制，明确"访调对接"工作范围和工作流程。

（6）建立"警调对接"机制，构建"治安调解＋人民调解＋司法确认"相结合的"警访调"一体化对接联动模式。同时，推动非警务类警情从"110"分离，切实为基层减负。

（7）完善社会监督机制，确保调解工作合法、高效，利用社会监督来防止行政权力的膨胀，保证调解工作合法合理地进行。

3. 搭建平台，提升合力，实现多元化解

首先，搭建上下贯通、左右联通的综合指挥平台。整合各类调解资源和力量，完善社会矛盾纠纷多元预防调处化解综合机制，加强市、县、镇、村四级调解平台建设，联动化解重大疑难复杂矛盾纠纷，让老百姓遇到问题能有地方找个说法，切实把矛盾解决在萌芽状态，化解在基层，确保矛盾不上交、不转移。

其次，加强诉调、检调、警调对接平台建设。法院要将诉调对接平台建设与诉讼服务中心建设结合起来，建立集诉讼服务、立案登记、诉调对接、涉诉信访等多项功能于一体的综合服务平台，实现诉调对接工作规模化、系统化和常态化。检察院要健全和完善检调对接制度，对受理的轻微刑事案件、民事申诉案件，委托调解组

织先行调解，根据调解情况依法做出处理决定，共同促进当事人和解息诉。公安机关要在公安派出所设立驻所人民调解室，邀请人民调解员参与矛盾纠纷联合调解工作，对一时处理不了的矛盾纠纷，通过镇（街道）社会服务管理中心分流引导到相关责任单位。

再次，加强协商、公证、第三方裁决等纠纷化解平台建设。采取多种方式鼓励当事人就纠纷解决先行协商，通过磋商、谈判、斡旋等方式，达成和解协议。各级司法机关、行政机关、调解组织和律师、相关专家或者其他人员应积极为纠纷化解提供辅助性的协调和帮助，在职责范围内提供咨询、建议或解决方案。像律师调解组织，可以以原有的法院委托或委派调解为基础进行构建，也可以组建律师调解中心等专门的平台独立运行。司法行政部门则要加强行业性、专业性人民调解工作，充分发挥工会、妇联、工商联、贸促会、法学会和行业协（商）会的积极作用，积极参与相关行业专业领域矛盾纠纷化解，不断拓展工作领域。

4. 强化保障，充实队伍，增强工作实效

首先，着力推动群众参与，从源头上减少和预防社会矛盾发生。构建"党建＋'三治'"的乡村治理体系，进一步夯实基层基础、壮大基层力量、整合基层资源，切实打通矛盾纠纷化解的"最后一公里"。

（1）强化自治立规矩。使村规民约在基层体现为人民群众真心尊崇的良法，使执法守法在基层体现为温暖基层民众的善举。

（2）坚守法治解难题。结合法治乡村、平安乡村建设，建立《中华人民共和国民法典》学习普法阵地，开展法治明白人培训，组织政法干警、法律服务工作者等深入村（社区）开展以案释法等工作，提高村（居）民法律意识、法治观念。

（3）推行德治树乡风。广泛组织开展教育教化、家风家德、

不知法治之源，虽循古终乱。"《史记·蒙恬列传》："高有大罪，秦王令蒙毅法治之。"

随着社会的发展，从上到下越来越信奉法律、崇尚法治。1954 年，第一届全国人民代表大会上通过首部《中华人民共和国宪法》，从此我们走上探索和实践法治的道路。1978 年，党的十一届三中全会提出"健全社会主义民主，加强社会主义法制"的目标。1999 年，"依法治国，建设社会主义法治国家"被正式写入宪法。2012 年，党的十八大报告明确指出，要"全面推进依法治国"。党的十八届四中全会通过了《中共中央关于全面推进依法治国若干重大问题的决定》，这成为我国全面推进依法治国征程上的重要里程碑。

再说什么是法治思维。习近平总书记强调六大思维方法，即辩证思维、系统思维、战略思维、法治思维、底线思维、精准思维，要求各级领导干部努力学习和掌握科学的思维方法，防止出现"新办法不会用，老办法不管用，硬办法不敢用，软办法不顶用"的情况，以科学的思维方法保证各项改革顺利推进。法治思维是将法律作为判断是非和处理事务的准绳，它要求崇尚法治、尊重法律，善于运用法律手段解决问题和推进工作。

法治方式就是运用法治思维来解决和处理问题的行为方式。法律思维决定和支配着法治方式，法治方式是法治思维的具体体现，法治思维和法治方式两者相辅相成。

二、为什么要用法治思维化解矛盾纠纷

在市场经济条件下，人们的思想观念多元多样多变，各种利益分歧、矛盾冲突相互交织，只有法治才能有效整合各种张力、化解各种冲突，为社会和谐稳定奠定根基。当前各级领导干部的法治思

维和依法治国能力，直接影响着党的执政根基和国家的长治久安。因此，习近平总书记在首都各界纪念现行宪法公布施行 30 周年大会上提出："提高运用法治思维和法治方式深化改革、推动发展、化解矛盾、维护稳定能力，努力推动形成办事依法、遇事找法、解决问题用法、化解矛盾靠法的良好法治环境。"

1. 必须适应新时代农村新变化

新时代农村出现的新变化有：一是群众的法治意识、维权意识在不断增强；二是群众通过互联网和热线电话进行法律咨询已经非常普遍；三是农村矛盾纠纷日趋复杂化、多样化，而且涉及的法律问题也越来越多。这些新变化对调解员的政策水平和法律素养提出了更高的要求。在调处过程中如果不用法治思维和法治方式，就很难有效化解矛盾，如果出现调处主体和调处行为违法，就很容易造成被动，甚至激化矛盾。要养成遇事认真调查，了解和查阅相关法律法规的习惯，只有用法治思维进行调处，才能保证在合法的基础上合情合理。

2. 必须适应法治乡村建设新要求

中央全面依法治国委员会印发的《关于加强法治乡村建设的意见》明确了法治乡村建设的目标：到 2022 年，努力实现涉农法律制度更加完善，乡村公共法律服务体系更加完善，基层执法质量明显提高，干部群众尊法学法守法用法的自觉性明显提高，乡村治理法治化水平明显提高。到 2035 年，乡村法治可信赖、权利有保障、义务必履行、道德得遵守，乡风文明达到新高度，乡村社会和谐稳定开创新局面，乡村治理体系和治理能力基本实现现代化，法治乡村基本建成。要求坚持用法治思维引领乡村治理，严格依照法律法规和村规民约规范乡村干部群众的行为，让依法决策、依法办事成为习惯和自觉。

党的十八届四中全会通过的《中共中央关于全面推进依法治国若干重大问题的决定》要求，强化法律在维护群众权益、化解社会矛盾中的权威地位，引导和支持人们理性表达诉求、依法维护权益，解决好群众最关心最直接最现实的利益问题。

党的十九届四中全会通过的《中共中央关于坚持和完善中国特色社会主义制度 推进国家治理体系和治理能力现代化若干重大问题的决定》明确要求，各级党和国家机关以及领导干部要带头尊法学法守法用法，提高运用法治思维和法治方式深化改革、推动发展、化解矛盾、维护稳定、应对风险的能力。

3. 必须认清农村矛盾纠纷的核心问题

农村矛盾纠纷多为土地纠纷、家庭纠纷、邻里纠纷、干群纠纷、债务纠纷、交通事故纠纷、劳资纠纷、医患纠纷等。这些矛盾纠纷的核心问题其实就是"情理法"。一名知名的老调解员说过："如果双方都合情合理合法，那就没有矛盾纠纷了。既然出现矛盾纠纷就一定是至少有一方出现了不合情、不合理、不合法的地方。我们要做的就是把它分析出来，摆到桌面上。这就离解决问题不远了。"一切调解技巧都是对情理法恰到好处的拿捏。基于情、合于法、辩于理，其中合法是前提也是底线。出现纠纷往往是双方各说各有理。如果用法治思维去分析，就会很快发现其中不合法的成分，抓住时机一语道破，再运用一些调解技巧，就会让问题迎刃而解。

三、怎样用法治思维化解矛盾纠纷

1. 要成为"法律明白人"

中央全面依法治国委员会印发的《关于加强法治乡村建设的意见》明确要求，要加强对村"两委"班子成员、村务监督委员会委员的法治培训，提高他们运用法治思维和法治方式深化改革、推动发展、化解矛盾、维护稳定、应对风险的能力。实施农村"法律明白人"培养工程，重点培育一批以村"两委"班子成员、人民调解员、网格员、村民小组长等为重点的"法治带头人"。

村干部必须学法懂法守法用法，这既是保护自己的需要，也是服务群众的需要。但是，除了自学法律知识外，还需要有计划地对其进行培训。

河南省清丰县从2018年开始在高堡乡开展法治乡村建设试点，其中一项重要工作就是培养农村"法律明白人"，村组干部和网格员、调解员都是重点培养对象。我们组成了以村（居）法律顾问为骨干的讲师团，通过举办讲座、印发培训教材、建立辅导小组等形式，一年内使每位"法律明白人"接受5次以上的集中培训，经考核合格的，颁发"法律明白人"证书和牌匾。我们今年准备在全县推广，把所有村组干部和网格员、调解员都培养成"法律明白人"，然后每年扩大培养范围，让越来越多的人懂法律、明事理，这有助于更好地化解矛盾纠纷。

2. 要进行合法性审核

清丰县于2018年成立了全国第一个公共法律服务协会，通过承接政府购买服务的形式，向全县503个行政村和商会组织派遣了115名律师和基层法律服务工作者担任法律顾问。他们的一项重要职责就是对村规民约、合同订立、重要决策等的合法性进行审核，避免村干部因法律知识不够而产生法律风险，造成难以化解的纠纷。

3. 要建立精准普法与法律服务机制

村（居）法律顾问与群众之间需要桥梁和纽带，否则有的会难以真正融入群众，有的会苦于群众咨询量大，应接不暇，而且这些咨询多为低效和重复的咨询。清丰县针对这一问题，提出要建立精准普法和法律服务机制。就是在"法律明白人"培养工程的基础上，建立"村（居）法律顾问—普法员（网格员）—法律明白人—群众"塔式咨询网络。群众通过网络梯次咨询，避免低效和重复，让法律顾问腾出精力解答更重要的问题。基层司法所针对法律咨询和人民调解过程中发现的群众关心的热点问题适时组织开展精准普法。在咨询服务和精准普法过程中，作为"法律明白人"的村组干部不仅能够不断学习实用的法律知识，还能树立自己在群众中的威信。

4. 要建立"访诉调"对接联动机制

农村干部就算经过"法律明白人"培训，也很难达到专业水平，遇到复杂的法律问题，仍然需要借助专业力量。这也是给每个行政村配备法律顾问的原因。但是这并不能解决所有问题，仍然有人会到上级党委政府上访，甚至"非访"。以前，信访部门接访登记之后，往往都是通知有关乡镇或单位接走，通知乡镇的，很多时候是由村干部接走。但是，有的问题并不是接走就能解决的，最终造成重复上访。为解决这一问题，清丰县建立了"访诉调"对接联动机制，就是把政法委、信访局、法院、司法局等相关人员集中在县综治中心办公，设立接访大厅、案件分流处、领导接访室、律师咨询室、调解室、速裁室、司法确认室、心理疏导室等，加强人民调解、司法调解和行政调解的配合联动，实现了信访接待、矛盾调解、法律咨询、心理疏导、简案速裁、司法确认等无缝对接和一条龙服务。信访案件能调解的就地调解，能速裁的就地速裁，能协办的就地协办。而且整个过程中有律师、法官、调解员和县乡村干部及时参与，很多矛盾纠纷得到迅速化解，信访量大幅下降，越来越多的乡镇和行政村实现"零上访"。访诉调对接联动机制的建立，其实体现的就是法治思维和法治方式，它全过程依法处置，避免了简单压制和粗暴化解，不仅锻炼了干部，而且教育了群众。

5. 要建立网格排查化解机制

化解矛盾纠纷贵在"抓早、抓小、抓苗头",这就需要把触角向下延伸,并且形成联动机制。清丰县在全省率先实行全科网格化管理,为每个行政村和社区设立了专职网格员。矛盾纠纷由网格员通过专门的手机 App 及时上传,综治大脑智能分办,需要哪一级干部和哪一个部门参与的,自动连线。这样就会围绕矛盾纠纷形成化解合力,在矛盾激化之前就能使其及时得到化解。在这个过程中,村干部是重要参与者。由于整个机制贯彻的都是法治思维和法治方式,整个过程都有法律顾问的参与,这种机制促进了各级干部形成法治思维,避免了在矛盾纠纷化解过程中出现法律瑕疵。

化解基层矛盾纠纷的心理疏导机制研究

洛阳市偃师区医疗保障局 王延红

当前，我国正处于社会转型期和新常态时期，人们的心理问题逐年增加，出现诸多矛盾、冲突和利益纷争。部分当事人具有明显不同于常人的心理特征，这对矛盾和纠纷的解决非常不利。因此，把心理疏导引入基层化解矛盾纠纷的全过程，建立科学完善的心理疏导机制，对于增强社会协同和实现公众对社会发展稳定的预期，更好地促进矛盾纠纷就地化解，具有紧迫而又重大的现实意义。

一、公众心理问题分析

现代社会中，人们的行为方式、生活方式、社会价值观都发生明显的变化，从而导致大量心理问题的出现。分析公众的心理问题及其成因，可对信访人心理问题的把握和疏导提供更广阔的视角。

（1）社会生存竞争压力加大。社会发展变革步伐的加快和科技日新月异的进步，必然会触及一部分人和传统行业的利益。随着社会节奏的加快，提供给人们创业和晋升的机会稍纵即逝，人们变得神经质、易怒、易躁，社会成员之间的竞争加剧，压力普遍增加，危机意识日益增强，许多职场人士身心都处于亚健康状态。

（2）发展不平衡不充分导致心理失衡。由于很多地方的经济社会发展不平衡，贫富差距、区域差别更加突出，社会利益关系复杂，加之教育、医疗支出比重过大，城乡融合和城镇化进程的加快加速了城乡二元结构的解体，大量的进城农民工较难适应和融入城市生活。许多心理异常者处于社会底层，认为自己在社会上受到歧视和不公正待遇，因长期郁结于胸，导致心理失衡，产生报复社会的暴力行为或抑郁自杀、自虐、自残等不良行为，事发的直接原因多为婚姻、家庭、工作、人际交往中的日常纠纷。这些行为具有偶发性、突然性，防不胜防，造成极大的负面影响。

（3）人际关系紧张与缺乏社会支持系统。人际关系是否和谐是判断一个人心理是否健康的标准之一。由于我国目前正处于转型时期，人们一般难以快速地融入新的环境，因此他们往往缺乏归属感。一旦个体缺乏或丧失了心理社会支持系统，就会变得无比脆弱，并由此心理失衡，产生焦虑、抑郁、悲观、恐惧、憎恨、嫉妒、敌对等情绪，严重的甚至会产生自杀、伤害他人等极端行为。

（4）突发性公共事件的影响。突发性公共事件是指在较短的时间内急速爆发的，具有一定普遍性的社会危机。突发性公共事件具有突发性、普遍性和非常规性三个特点。突发性公共事件不仅会给当地造成严重的经济和财产损失，而且会给相关人群带来严重的心理创伤。

（5）生活事件的影响。研究表明，每经历一次生活事件，个体都需要一定的时间和精力来对自己的心理进行调节，以适应这一生活事件所带来的变化。一般的生活事件并不会对个体造成太大的心理影响，但是如果遭遇连续不断的中等水平的应激事件，那么它们对个体的影响就会叠加，严重的可能会导致个体产生心理障碍，从而影响其正常生活工作。

（6）个体应对方式的影响。面对生活事件的压力，人们应对生活事件的方式主要有以下三种：一是积极应对型，二是回避型，三是寻求依赖型。一般说来，运用第一种方式处理生活事件是心理成熟的表现，运用后两种方式则是心理不成熟的表现。面对生活事件，处理、应对方式不同，对个体产生的心理影响也会不同。

（7）现代媒介的负面影响。现代信息技术手段的进步为人们带来便利的同时，也存在一定的弊端。因此，必须建立畅通有序的诉求表达、心理疏导机制，使社会矛盾和问题不断得到及时化解，并向好的方面转化。

二、信访人上访心理剖析

现实生活中矛盾纠纷的种类繁多，特别是当矛盾纠纷出现时，当事人或者问题信访人容易产生偏执心理，认为受到不公正处理或待遇。也就是说，为了寻找所谓公平正义，当事人对应该依法处置的问题失去信心，从而信访、上访，甚至在上访过程中做出堵门、堵路、卧轨、拦车、穿冤衣、冲击会场等扰乱社会秩序的违法行为，不仅给社会和谐、国家安定带来不良影响，也给家庭和国家造成了无法弥补的损失。唯有对信访人的动机、心理等问题进行深入分析，才能在建立心理疏导机制及针对性地开展疏导时做到有的放矢。

1. 信访人的动机

信访人的动机可归纳为以下几类：①维权动机；②伸张正义动机；③泄私愤与报复动机；④关注动机；⑤异常动机。信访人的动机既有正常的，也有不正常的，既有合理的，也有不合理的，只有充分了解他们的动机，对症下药，才能收到预期的效果。

2. 信访人的类型和心理特点

根据不同的心理特征，可以把信访人员分为：自卑型、试探型、从众型、矛盾型和纠缠型。

整个信访过程可分为三个阶段，即信访前、信访中和信访后。信访人在不同阶段呈现不同的心理特点。

（1）信访前，信访人一般都充满希望，期望通过信访解决问题。但信访人的期望，有的是合理的、切合实际的，有的是不合理的、妄想的。

（2）信访中，信访人是否能顺利与工作人员正常沟通，直接影响信访人的情绪。工作人员的态度、政策法律水平、语言表达方式等都是影响沟通的重要因素。如果工作人员对前来的信访人表现出厌烦情绪，不能较为熟练地运用相关法律法规分析问题，势必会影响信访人的情绪，使他们大失所望，大为不满。

（3）信访后，信访人常常会有以下几种心理反应：①满意心理；②不满意心理。信访后的各种心理状态，往往与是否重复上访有直接关联。

3. 归纳信访人的共性心理

分析上访事件，可以归纳出信访人有以下共性心理：

（1）信访人往往出于一种不信任的心态去上访，认为只有上访可以解决问题。这其实是对公权力缺乏信任感的表现。

（2）信访人往往存在一种错误认识。在很多地方，个别信访人因为某次上访，使多年存在的问题一下子得到解决。这样的信访者很容易就会被当地群众当作"英雄"，而这些人的存在也是促使上访数量上升的原因之一。

（3）信访人同时还普遍存在着模仿与侥幸心理。当小部分人通过上访得到或经济或地位等方面的好处时，必然会让一些人因羡慕而去模仿那些所谓上访者。

（4）绝大多数人通过网络平台来宣泄不满情绪，聚沙成塔同样可以起到上访的效果。从心理角度看，老百姓觉得通过网络信访安全且方便快捷，效果也还不错，时间长了自然会有越来越多的人使用网络信访。

三、建立化解矛盾纠纷心理疏导机制是平安建设工作的迫切需要

心理疏导对于化解社会矛盾有着不可忽视的作用，对于构建和谐社会具有积极意义。

1. 全面认识建立化解基层矛盾纠纷心理疏导机制的重大意义

没有全民健康，就没有全面小康。在新形势下，建立化解基层矛盾纠纷心理疏导机制是建设平安中国、幸福中国、法治中国的重要内容，是培养良好道德风尚、防范化解社会风险、培育和践行社会主义核心价值观的内在要求，也是实现国家长治久安的一项源头性、基础性工作。

2. 党中央、国务院领导高度重视心理疏导工作多次批示强调

党的十七大报告提出，在加强和改进思想政治工作中注重人文关怀和心理疏导。党的十八大报告提出，加强和改进思想政治工作，注重人文关怀和心理疏导，培育自尊自信、理性平和、积极向上的社会心态。党的十八届五中全会做出了健全社会心理服务体系和疏导机制、危机干预机制的决策部署。党的十九大报告也指出，加强社会心理服务体系建设，培养自尊自信、理性平和、积极向上的社会心态。党的十九届四中全会发布的《中共中央关于坚持和完善中国特色社会主义制度　推进国家治理体系和治理能力现代化若干重

大问题的决定》指出："健全社会心理服务体系和危机干预机制，完善社会矛盾纠纷多元预防调处化解综合机制，努力将矛盾化解在基层。"中央有关部门在关于加强社会治安防控体系建设、完善矛盾纠纷多元化解机制的意见等文件中，也都对此项工作做出明确规定，要求培育自尊自信、理性平和、积极向上的社会心态，普遍建立心理疏导体系。习近平总书记在全国卫生与健康大会上指出，要加大心理健康问题基础性研究，做好心理健康知识和心理疾病科普工作，规范发展心理治疗、心理咨询等心理健康服务。《"健康中国2030"规划纲要》对加强心理健康服务提出了明确要求。

3. 省委、省政府认真谋划部署为建立化解基层矛盾纠纷心理疏导机制提供了良机

为了把思想统一到中央决策部署上来，依靠认识的深化推动工作的深化，河南省委、省政府对全省社会心理服务体系建设做出具体安排，要求：2017年每个省辖市选择50%的县（市、区）、每个省直管县（市）选择50%的乡镇（街道）进行示范推动；2018年70%的县（市、区）、乡镇（街道）开始推进；2019年在全省全面推进；2020年在全面推进的基础上，总结经验，检查验收，完善提升。省司法和社会体制改革领导小组把社会心理服务体系建设纳入全省司法和社会体制改革的重要内容，明确了任务分工和工作要求。省委政法委、省综治委下发文件，要求各地发挥综治中心的平台作用、网格化管理的底座作用、现代信息技术的支撑作用和人才队伍的主力作用，普遍建立心理疏导体系，积极培育自尊自信、理性平和、积极向上的社会心态。

四、当前心理疏导工作状况

1. 心理疏导在国外的发展

自 20 世纪 50 年代以来，心理危机疏导在国外取得了较快的发展，成为遭受心理创伤者的一种有效的社会心理干预措施。尤其是在欧美地区，以及日本、以色列等国，突发公共事件中的心理危机疏导已成为突发公共事件救援中必不可少的重要内容，为此，它们建立起了一整套较为成熟的心理疏导系统，最大限度地降低其社会负面影响。

2. 国内开展心理疏导的现状

我国的心理疏导工作起步较晚。2004 年 5 月，浙江省杭州市成立全国首家心理危机研究与干预中心。2004 年 11 月，上海成立了本地首家心理危机干预中心，开展免费心理危机干预工作。总的来看，我国的心理疏导工作还是零星的、被动的，还远远没有达到规范化、制度化的层面。

目前，社会上对心理健康的重要性认识不足，心理健康科普工作亟待加强。而我国心理学理论、方法和技术很多是从西方国家引入的，缺乏本土化理论、方法和技术，适合我国国情和国民心理状态的服务模式、服务技术等仍处于探索阶段，社会实践不充分。这些问题相互影响，制约着我国心理疏导行业的发展。

3. 加快推进化解基层矛盾纠纷心理疏导机制建设正当其时

党的十八届五中全会做出健全社会心理服务体系和疏导机制、危机干预机制的决策部署后，河南省把社会心理服务体系建设作为综治和平安建设的一项重点工作，进行试点探索推广，加快推进健全社会心理服务体系的"河南模式"，取得了较好效果，为研究化解基层矛盾纠纷中建立社会心理疏导机制提供了大量可借鉴的宝贵经验和软硬件支持。通过建立心理疏导机制，对信访人心理干预和疏导，促使其放弃原有的一些非理性思维和想法，鼓励其在回归现实中解决问题，这对防范和降低社会风险、维护社会和谐稳定、促进社会源头治理、建立矛盾纠纷就地化解机制具有重大现实意义。

4. 当前心理疏导在化解矛盾纠纷中的运用

社会矛盾纷繁复杂，更需要科学的方法和有效的机制来调处。我们对心理疏导在信访工作中的运用进行了有益探索。

（1）无条件接纳。这并不是让我们接纳信访人的观点，而是接纳他的情绪、感受，只有这样，信访人才能在心灵上与我们共鸣，才能与我们建立良好的关系，才能把想说的、想到的都毫无保留地说出来。

（2）积极关注，用心倾听。让信访人一吐为快，是心理干预中一个看似简单、实则最为重要的步骤。具体做法是：在来访人员较多的情况下（30人以上），让其推荐3—5名代表，综合来访群众的意见，统一表达诉求，其他人员做补充。在倾听时，要全身心陪伴，不时地用眼神、点头与来访者交流，传达对来访者的精神支持和心理关注。

（3）正向引导，减压降负。当信访人与我们建立了良好的关系，说出诉求后，我们要对问题进行梳理，合情合理的部分我们及时认同并解决。不合理的部分，我们也不是直接指出，而是根据实际情况运用心理学上的一些技术，让信访人自己觉察、思考，改变思维模式和认知方向，继而寻求改变，降低诉求或者改变诉求。

（4）提供信息，树立自信。信访多数是由于当事人身陷各种具体的利益冲突而自身无法解决引发的，又由于当事人不了解目前的政策或误听误信而产生曲解，放大了事件的负面效应。疏导人员必须运用适当的方式、手段和语言，向当事人提供正面信息，采取交代政策底线等"自我暴露"法，帮助和引导当事人了解事实情况、信访事件的始末，使其正视问题，树立自信，走出困境。

（5）构建社会支持系统。鼓励信访人多参与健康有益的社交活动，多与家人、朋友、同事接触或联系，把心中的郁结、烦闷说出来，减少孤独感。

五、科学把握政策规律，建立良性互动高效工作机制

1. 吃透精神，把握上级政策，抓住良好推进时机

心理健康问题不仅关乎广大人民群众的幸福安康，而且直接影响社会的和谐稳定。根据河南省委办公厅、省政府办公厅印发的《省委政法委、省综治委关于完善基层矛盾纠纷预防化解机制的指导意见》，将心理疏导应用到基层矛盾纠纷化解这一工作领域，解决部分长期上访者的心理问题，不仅可行而且非常迫切和必要。这对防范和降低社会风险、维护社会和谐稳定、促进社会源头治理、建立矛盾纠纷就地化解机制具有重大现实意义。

河南省综治办明确要求：各级依托综治中心，整合资源力量，建立健全省、市、县三级精神卫生工作部门协调机制；所有街乡镇建立由综治、卫计、公安、民政、司法、残联等单位参与的精神卫生综合管理小组，共同促进社会心理服务体系的健全和完善。

2. 研究规律，构建组织构架，开创适用工作模式

心理疏导要本着"一把钥匙开一把锁"的原则，对形成的特殊心理症结，先从认知角度对当事人思想认识进行提升，再从心理、情感、意志、行为上进行升华和塑造，不断调适其心理状态，使其心理由不适应、不平衡，向适应、平衡转化，从而消除心理障碍，化解生活和精神层面上的各种矛盾，帮助他们形成健康心理和健全人格。

实践发现，心理干预不仅要面向当事人及其亲属朋友，而且要

面向广大信访工作人员。由于工作关系，信访工作人员每天都要面对大量的负面消息，通过引入心理干预机制，帮助信访工作人员进行心理调适、缓和心理压力，让信访工作人员保持健康、平和的心态开展信访工作。

建议由综治部门牵头，动员社会力量参与，形成以信访工作人员接待处理为主、专家心理辅导为辅的分工合作机制，促进信访矛盾及时化解。

针对场所阵地建设，按照《河南省县（市、区）、乡镇（街道）、村（社区）社会心理服务工作规范化建设指导手册》的要求，依托县、乡、村三级综治中心开辟心理服务专门场所，统一标牌、制度和工作流程，确保社会心理服务工作有场地、有设施、有保障。重视发挥心理专家及学者的作用，遇到难以解决的矛盾纠纷、疑难信访案件等棘手问题，疑难复杂的心理疏导事项，可根据事件难易程度，实行"一事一议"的办法，另行出资购买服务，一事一酬劳，引导社会组织和心理咨询师、社会工作者或者志愿服务者入驻心理服务场所。在行政村和社区，配备1—2名心理辅导人员或专业社会工作者，开展心理健康宣传教育和心理疏导，确保群众心理问题有处诉、有人解。

3.掌握规律，创新思路，科学合理推进

通过化解基层矛盾纠纷的工作实践，我们认为影响信访事项处理结果的因素有两个：一是对政策、法律、法规的熟知程度和应用能力，二是对工作对象心理状态的把握能力。而对信访人心理状态的把握，首先，要求信访工作人员具备一定的心理学知识和良好的心理素质，其次，要创新工作思路，积极引入化解矛盾纠纷心理疏导机制，通过心理咨询、心理放松、心理辅导课、心理讲座等多种方式，从人文关怀和心理疏导入手，对信访人开展有针对性的心理疏导和危机干预，打开其心理症结，将其引导到正确的解决渠道、解决方式上来。

（1）了解心理疏导的原理、目的及作用。

①心理疏导的原理。心理化学的基本原则告诉我们，利用心理化学知识改变一个人的内心是完全可行的。心理化学的基本原则是：两种相反的思想无法同时存在于同一个大脑中。低级的东西无法同高级的东西同时存在。在化解矛盾中建立和运用心理疏导机制，就可以用心理化学知识来化解一切有害于身体、不利于矛盾化解、不利于社会和谐稳定的有毒物质，用爱去取代憎恨、愤怒、嫉妒、眼红，用善意去取代恶意、恶念、自私、错误、不和谐等一切破坏性情绪，用更好的、更高尚的思想来取代邪恶的想法。

调解过程中的心理疏导是指在心理学理论的指导下，有计划、有步骤地对信访人的心理活动和个体特征或心理问题施加影响，使之恢复心理平衡，使其情绪、认知、行为重新回到危机前水平或高于危机前水平。心理疏导手段包括心理治疗、心理咨询、心理康复、心理危机干预等几乎所有的心理咨询和治疗。

②心理疏导的目的。心理疏导的目的是及时对经历个人危机、处于困境或遭受挫折、将发生危险或者其行为可能对社会安定造成影响的对象提供支持和帮助，使之恢复心理平衡，改善或者部分改善情绪、认知和行为，更好地适应社会和环境。

③心理疏导的作用。在化解矛盾纠纷中建立心理疏导机制有如下三点作用：一是帮助当事人打开心结，正确认识个人与社会的关系，重新审视自己的行为及其危害，承担起对自己、对家庭、对社会的责任；二是心理专家介入信访事项，参与信访问题研究，准确把握信访当事人的心理特点和现时状态，共同探索解决信访事项心理疏导办法，这有利于信访事项化解；三是有利于信访工作人员及

时调整心态，保持心理健康，以更加昂扬的精神状态投入信访工作中去。

（2）借鉴成功方法对信访人开展有效的心理疏导。

要想有效开展心理疏导，必须对矛盾纠纷的性质、特征，当事人（信访人）性格、家庭等方面进行分析研究，进一步揭示矛盾纠纷中的当事人出现心理方面问题的原因，所以要与信访人建立良好的沟通与合作关系，在谈话过程中善于倾听，善于控制谈话方向，在产生共鸣、温暖和信任的体验的基础上围绕心理问题，相互理解、沟通，进而达成消除心理障碍，促进矛盾纠纷的多元化解的目的。

①对信访人实施心理疏导的方法。

咨询式心理疏导法：心理咨询与心理疏导相结合。注重对心理问题与非心理问题的疏导；主张建立多样化的、专业的心理健康教育中心，汇集思想、学习、工作、情感、人生规划等内容的咨询。

互动式心理疏导法：进行平等的交流和沟通，让信访人对自己的心理问题和思想障碍有清醒的认识，并决心改正。在此过程中，要体现对信访人的尊重、关心、理解、爱护，做到心灵及情感的互动沟通和交流。

体验式心理疏导法：在社会公益活动、参观访问实践活动中，使信访人的思想觉悟和道德观念等内在方面的特征自然地表现出来，此时加以疏导，可更好地发挥引导教育作用。

交友谈心法：创造良好的人际关系来解除信访人的心理不平衡和心理障碍。在建立良好关系的基础上耐心听信访人诉说，给予理解和接纳，然后给予真情和温暖。与西方的"关系疗法""团体疗法""交朋友小组疗法"相近。

网络心理疏导法：善用网络阵地，把心理疏导教育拓展到网络上，以弥补线下教育的空白，如在以信访人为主的微信群中发表心理学方面的知识，提倡树立健康心理，让信访人发表个人意见和建议，发表对工作、人生、情感的感悟等，为心理疏导提供方便。

以上方法不可人为割裂，为增强疏导效果，可以交叉重复使用、多种并用，根据需要灵活掌握。

②对信访人实施心理疏导的要点。

要建立良好的互动关系，创造和谐轻松的谈话氛围，以便信访人讲出心灵深处的矛盾，这是心理疏导的前提。不主观臆断，要认真倾听，科学分析心理问题产生的根源，制订合理的疏导方案，这是心理疏导的关键。调动信访人的能动性和自身正能量，帮其树立克服心理障碍的决心和信心，这是心理疏导的重要保证。要培养信访人自我认知、自我矫正、自我提高、自我控制的能力，帮其树立正确的人生观、世界观、价值观和生活观，这是心理疏导的重要措施。

（3）相互结合、相得益彰，增进疏导效果。

①把心理症结的疏导和法治宣传教育相结合。要大力加强对《信访工作条例》等信访法律法规的学习和宣传，教育引导广大干部群众学法、懂法、用法。法治宣传教育和疏导工作以有利于问题的妥善解决、有利于消除负面影响、有利于维护社会稳定为原则。要把法治教育贯穿于心理疏导工作的全过程，运用典型案例以案说法，增强疏导教育的针对性、实效性，纠正偏失的错误认知，引导信访人对诉求或信访事项形成合理预期，推动诉求依法理性表达，推动全社会形成依法维权、理性信访的行为习惯。

②把心理疏导和弘扬社会主义核心价值观相结合。从对社会主义核心价值观建设工作进行部署，到出台指导意见促进社会主义核心价值观由"软性要求"向"硬性规范"转变，再到把"弘扬社会主义核心价值观"写入于 2021 年 1 月 1 日起施行的《民法典》，制度建设成为社会主义核心价值观践行的推进器。当下最广泛最深

刻的价值认同和行为准则要在心理疏导过程中进行渗透和贯彻。

③把心理疏导和弘扬中华优秀传统文化相结合。发挥中华优秀传统文化的作用，推动中华优秀传统文化与心理学理论及技术融合发展，为公众提供符合我国国情、文化特点和价值观的心理健康技术。

④把心理疏导和引导依法解决相结合。全面深化落实"四个全面"战略，全面落实信访体制改革的要求，特别是涉法涉诉信访诉求的解决，必须引导到依法解决的渠道和途径上来。

⑤把心理疏导和解决合理诉求、困难帮扶相结合。开展心理疏导的同时，要善于整合资源，为困难、特殊的信访人提供必要的法律援助、创业培训、困难帮扶等，以行为感动信访人，促进矛盾纠纷的顺利化解。

六、社会协同补齐短板，共建共治共享平安

建立化解基层矛盾纠纷心理疏导机制，需要全社会多行业、多部门共同发力，协同作战，从思想认识、队伍建设、制度规范、预警干预、服务体系、社会保障等多个方面开展工作，提高人民群众的安全感、获得感，努力提升共建共享共治水平。

1. 将心理疏导机制建设纳入国家治理体系建设

一是建立全国统一的权威的心理疏导专门领导机构，加强对心理健康服务政策、任务落实的督导。二是加强心理健康服务体系建设，设立各级心理疏导室，让有心理疏导或治疗需求的人能比身体生病时去医院求诊更方便地接受精神方面的治疗，得到专业心理医生和人员的鼓舞和激励。三是强化重点人群帮扶，用心理学技术加强精细化治理，针对容易出现的心理行为问题采取有效的干预措施，营造友好互信的人际关系和积极向上的社会氛围。

2. 加强社会心理疏导专业队伍建设

目前我国从事心理咨询和治疗的人有不少是由普通医生、精神科医生甚至政工干部转行的，这些人并没有接受过专门的训练，缺乏专业知识，有许多人所掌握的专业知识严重不足。因此，加强心理疏导服务专业工作人才队伍建设势在必行，培训方式有：一是集中办班培训，二是以案授法培训，三是利用网络媒介培训。另外，还可以大力发展心理咨询志愿者队伍，针对特定人群或问题迅速、灵活、有效地开展心理疏导工作。

3. 加强心理健康知识科普宣传，提升公众心理健康素养

广泛深入地开展宣传教育工作，普及心理健康知识，着重营造重视心理健康的社会氛围，使得广大民众能够对心理健康有一个正确的认识，使人们不再戴着有色眼镜去看待那些有心理问题的人。

4. 健全心理疏导预警处置系列工作制度

要使社会心理疏导工作走向制度化、规范化，形成长效机制，就必须拓展社会支持系统，建立一系列完善的工作制度、机制，如心理危机排查制度、心理危机预警机制、心理危机帮扶制度、跟踪回访制度。

5. 建立健全民意监测网络

加强市场经济秩序与社会生活秩序建设的力度，帮助人们树立正确的公平理念，建立健全民意监测网络，形成多维度利益表达机制和不良情绪宣泄的"安全阀机制"。

首先，要继续完善和扩展决策听证制度，政务公开、司法公开制度，使相关利益主体能够获得对称性信息，对政府的决策及其实施进行有效监督，进而提升民众对政府的信任度。

其次，充分发挥媒体释疑解惑的作用，营造健康开放的舆论氛围。随着互联网的迅速普及，网络中的各种论坛、虚拟社区、微信

公众平台和 App 手机客户端也日益成为公众之间以及公众与政府之间沟通的重要平台。公众的不良情绪也可以通过这个平台得到释放和排解。

最后，做好突发性危机事件中的信息传播工作，鼓舞人们增强战胜危机的信心，防止引起大规模的社会心理恐慌，以维护社会稳定。

6. 完善社会保障体系

完善社会保障体系，缓解公众的紧张心理，增强公众对社会稳定的预期，注意疏导不公平感，从源头上预防和化解矛盾，构建矛盾疏导的长效机制。在城镇化推进中，对迁移城市及失地的居民加大社会保障监测和临时困难救助、再就业帮扶等的力度，确保其在城市幼有所育、学有所教、劳有所得、病有所医、老有所养、住有所居、弱有所扶上不断取得新进展，共同走向更美好的生活。

新时代"枫桥经验"在推进市域社会治理现代化中的创新实践

——以县区级市域社会治理为视角

洛阳市偃师区政协 马洪亮

党的十八大以来，习近平总书记高度重视基层社会治理。党的十九届四中全会将坚持和发展新时代"枫桥经验"作为坚持和完善共建共治共享的社会治理制度写入《中共中央关于坚持和完善中国特色社会主义制度 推进国家治理体系和治理能力现代化若干重大问题的决定》（以下简称《决定》），标志着"枫桥经验"从维护社会稳定的经验上升为推进社会治理现代化的经验，从地方社会治理的经验上升为我们党治国理政的经验，实现了从"枫桥经验"到"枫桥理论"再到"枫桥制度"的历史性飞跃。2020 年 11 月、2021 年3 月，"枫桥经验"再次出现在《中共中央关于制定国民经济和社会发展第十四个五年规划和二〇三五年远景目标的建议》《中华人民共和国国民经济和社会发展第十四个五年（2021—2025 年）规划和 2035 年远景目标纲要》中，标志着"枫桥经验"已经成为党和国家推进社会治理体系和治理能力现代化的重要组成部分，成为党和国家制定政策、做出决策的重要依据和基本经验。2020 年 11 月 16 日至 17 日，习近平总书记在中央全面依法治国工作会议上强调："要完善预防性法律制度，坚持和发展新时代'枫桥经验'，促进社会和谐稳定。"新时代赋予了"枫桥经验"新的内涵和价值，其必将融入市域社会治理之中并发挥重大作用，本文以县区级市域社会治理为视角，对新时代"枫桥经验"在市域社会治理现代化中的创新实践进行探究。

一、新时代赋予"枫桥经验"新内涵、新价值、新定位

"枫桥经验"发源于浙江省枫桥镇，形成于 20 世纪 60 年代社会主义建设时期，发展于改革开放时期，创新于中国特色社会主义新时代。历经管制、管理、治理三个阶段和两次历史性飞跃，"枫桥经验"的时代内涵发生了深刻变化，从原来化解基层矛盾纠纷向创新基层社会治理转变，从"发动和依靠群众，就地化解矛盾，实现矛盾不上交"的经验上升为"党领导人民创造的一整套行之有效的社会治理方案"，为增强和坚定中国特色社会主义道路自信、理论自信、制度自信和文化自信创造和树立了基层榜样，历经时代淬炼而不朽，迸发出穿越时空的旺盛生命力。

半个多世纪以来，"枫桥经验"一切为了群众，一切依靠群众，一切"以人民为中心"的理念主旨没有变，但随着不同阶段、不同矛盾、不同需求和人民群众各时期的不同愿望，其社会治理体系、体制机制、方式方法始终在与时俱进、不断创新。方法从毛泽东时代的"政治动员"发展到邓小平时代的"群防群治"，再深化为习近平时代的"三治融合"；工作领域从最初的"开展社教运动"向

后来的"化解矛盾纠纷",再到党的十八大后的"创新基层治理"转变;目标已从最初的"矛盾不上交"向后来的"平安不出事",再向"共建共治共享"转变。

新时代"枫桥经验"的最大特色,是"枫桥经验"55周年纪念大会上概括的"五个根本",即"坚持把党的领导作为根本保证、坚持把以人民为中心作为根本立场、坚持把自治法治德治作为根本方式、坚持把预测预警预防作为根本任务、坚持把基层基础建设作为根本支撑"。

新时代"枫桥经验"在习近平新时代中国特色社会主义思想的指导下,旗帜鲜明地突出党的领导,贯彻群众路线,积极化解社会矛盾,引领时代风尚,保障经济社会协调发展,全面推进社会平安和谐。它是全国政法综治系统的一面旗帜,对中国创造出经济持续健康发展、社会大局持续稳定的两个奇迹做出了积极贡献,充分体现了中国特色社会主义社会治理体系的独特优势;是我们党治国理政基本方略的重要内容,是习近平新时代中国特色社会主义思想的重要组成部分,对促进基层社会治理体系完善、能力提高,推动国家治理体系和治理能力现代化具有重要意义。

新时代"枫桥经验",是"以人民为中心"、以善治与治理现代化为路径目标、防范和化解重大社会风险、融中华优秀传统文化与现代元素于一体、与法治建设紧密结合、正走向良法善治新目标的基层社会治理经验。其核心内涵是党建引领、人民主体、三治融合、共治共享、平安和谐,具有鲜明的代表性、标识性、有效性、成熟性、普适性,是动态开放的治理经验。今天的"枫桥经验"已成为中国基层社会治理的典范,以其特有的制度优势为全球基层善治贡献着中国智慧和中国方案,也必将走出国门走向世界。

二、县区级在市域社会治理中的地位作用

党的十九届四中全会提出了"加快推进市域社会治理现代化""坚持和发展新时代'枫桥经验'"的要求。随即，中央政法委召开全国市域社会治理现代化工作会议，正式启动试点工作。"市域社会治理"已作为一个新命题被广泛使用，但其边界内涵还值得辨析。

市域社会治理的"市域"从广义上讲，有"直辖市""地级市""副省级市""县级市""较大市""设区的市""计划单列市"等各种"市"的形态，但主要是指地级市。全国市域社会治理会议指出，市域具有承上启下的枢纽作用，对上承担贯彻党中央决策部署的重要职责，对下指导基层一线工作，是推动基层治理的组织者、领导者。由此也可以看出，"市域"主要指处于中间层级的地级市。"市域"作为城市和农村两种社会形态的结合体，是统筹推进城乡一体化的有效载体。

什么是市域社会治理？根据《决定》，国家治理体系包括"党的领导体系""法治体系""社会治理体系"（即共建共治共享的社会治理制度）等十三大治理体系。可见，市域社会治理体系是国家治理体系的重要组成部分。所谓市域社会治理，是指在市域（主要指地级市）范围内解决人民内部矛盾、社会治安、公共安全、国家安全、基层社会治理等社会问题的治理过程。

什么是市域社会治理现代化？根据时任中央政法委秘书长陈一新的观点，社会治理现代化包括"治理理念现代化、治理体系现代化、治理能力现代化"三个维度，但其并没有明确做出概念界定。我们认为，"市域社会治理现代化"是指由地级市统筹谋划，带动市级、县级、镇级、村级四级联动，统筹城乡融合发展，用社会化、法治化、智能化、专业化等现代化方式方法，提升社会治理现代化能力

和水平，确保人民安居乐业、社会安定有序、国家长治久安的过程。

笔者认为：县区一级除高铁、机场、海关、监狱外，其他管理部门一应俱全，这样更有利于高效指挥调度。在市域社会治理中应该结合实际，更好发挥领导统筹指导协调作用，创造出符合上级精神、管用、有效的经验和做法。

三、当前市域社会治理面临的风险问题和挑战

当前，市域社会治理面临诸多新情况、新问题、新要求和新挑战：社会治安、公共安全不断出现新情况，由各类矛盾纠纷引发的如集体上访、非法集会、聚众、游行、示威等群体性事件呈多发态势，经济高速增长所付出的社会成本和代价不断上升。急需加大市域社会治理现代化试点推进力度，有效解决市域社会治理和服务中的诸多薄弱环节。

1. 基层社会矛盾日益复杂化，但政府解决矛盾纠纷的机制仍然单一

社会矛盾无处不在，新形势下面临的社会矛盾呈现主体多元化且跨领域和地域、类型多样化且有增多之势、规模群体化且进行网上串联、诉求复杂化且呈现不可预见性、矛盾易激化且燃点低、处置疑难化且潜伏发酵期长等特点。社会矛盾复杂性、关联性、跨界性、动态性反映在基层社会，突出表现为人民群众对美好生活的需要不仅包括丰衣足食、矛盾化解、社会安定有序，也包括民主参与、依法维权、共享改革发展成果，还包括社会和谐、风尚良好。但政府解决这些矛盾纠纷的机制仍然单一，基本上还是以政府包揽为主，采用调解、诉讼、仲裁、行政复议等传统手段，未充分发挥村规民约的约束作用和乡贤在化解纠纷、维护社会稳定方面的重要作用，也未引入心理疏导等现代专业化手段解决矛盾。

2.基层群众民主法治意识日益增强，但政府仍然存在"人治"惯性

人民群众在民主、法治、公平、正义、安全、环境等方面的要求日益增长，呈现出多样化、多层次、多方面的特点，党的十九大报告中有24处强调"协商"，指出有事好商量，众人的事情由众人商量。但是基层政府还存在着"人治"惯性思维，不懂、不会、不愿运用法治思维和法治方式解决问题，跟人民群众日益增长的法治维权要求不匹配，"官所供"非"民所需"，并没有真正满足民众的需求。可见，群众民主法治意识高涨与个别政府官员"人治"思维惯性延续、法治意识薄弱之间的矛盾冲突，已成为市域社会治理面临的突出难题，也是导致基层矛盾纠纷多发、上访数量多、诉讼多的主要原因。

3."互联网＋"时代要求治理高效化，但相关部门仍然采用低效治理方式

在互联网时代，信息网络互联互通和即时共享深刻改变了人们的思维方式、工作方式、学习方式、生活方式，它在推动人们的工作、学习、生活向智慧互动演变的同时，也促使社会扁平化、产业网络化、组织网格化、需求多样化、传媒泛在化、信息透明化、资源社会化。可以说，信息技术在给人类社会带来福祉的同时，也给传统社会治理模式带来诸多风险和挑战。"小事""大事"都有可能在网络上发酵炒作，所以必须建立更加敏锐的矛盾处置机制、更加智能化的社会治理新模式。但现在很多部门仍沿用普通的信息化治理模式，矛盾纠纷的摸排掌握、分类甄别、逐级处置，没有充分利用互联网手段，协同性、精准度都需要进一步提升，跟真正的大数据、智能化还存在着明显差距。当面对风险和各种挑战时，预警能力不足，联动共治程度不深，情报指挥融合不够，智能应用水平

不高，难以实现社会风险预测等缺点就会逐渐暴露出来。

4. 基层社会治理日趋精细化，但政府仍然采用全科式、非专业化管理模式

目前，基层社会治理涉及领域越来越多，包括综治、上访、调解、社会治安、流动人口、特殊人群（包括社区矫正人员、戒毒康复人员、重症精神病人、邪教人员）管理、公共安全、快递物流业等多个领域，平安建设综治考核将乡镇（街道）创建细化为许多模块，上级要求越来越精细化。但是，基层囿于人员数量有限以及专业人才匮乏，目前仍然采用粗放式、全科式的社会治理模式，存在大量短板，越来越难以适应管理精细化要求。部分基层干部感到工作越来越难做，使命感与疲惫感并存。来自上级的考核压力与来自群众的评价压力叠加，知识缺陷与能力不足突显。一些基层党组织在社会治理中政治功能彰显不够，部分干部年龄偏大、知识结构老化、素质能力偏低，对推进市域社会治理现代化的长远意义和重要性认识不足，领导作用存在弱化、软化现象。

5. 后疫情时代社会公众对市域社会治理提出了更高的要求

随着后疫情时代经济布局的深化调整，中小微企业发展遇到了困难，收入预期普遍下降，待就业群体与部分低收入人群生活受到影响，安全感、获得感、幸福感的增加与焦躁情绪同在。前段时期产生的矛盾与积怨可能集中爆发，社会治安案件增多。在市场经营困难的状态下，不确定、不可抗、不稳定的因素叠加，信用分层加速，失信行为增加，电信网络诈骗类犯罪会随着网络直播、主播带货等新的销售形式而呈现高发态势。个人维权与群体性维权（包括保护个人隐私）的事件增多，维护社会治安的难度持续增大。人们对美好生活的追求会更加多层次、多样化，公众对社会治理的要求更高，对公众数据开放、政府信息公开的要求更为强烈。

四、新时代"枫桥经验"在市域社会治理现代化中的创新实践

"枫桥经验"是我们党治国理政的基本经验,对于推进市域社会治理现代化具有很强的理论参考价值和实践借鉴价值。2019年初,在中央政法工作会议上,习近平总书记着眼人民安居乐业、社会安定有序、国家长治久安,对加快推进社会治理现代化做出重要部署,为加强和创新社会治理、维护社会和谐稳定、建设更高水平的平安中国指明了努力方向和重要路径。其后,《人民日报》发表评论员文章《努力建设更高水平的平安中国——二论学习贯彻习近平总书记中央政法工作会议重要讲话》,指出:"努力建设更高水平的平安中国,就要深入推进基层治理创新。'小事不出村,大事不出镇,矛盾不上交。''枫桥经验'依靠群众就地化解矛盾,最重要的成果和最鲜明的特色就是实现自律和他律、刚性和柔性、治身和治心、人力和科技相统一,其生命力就在于基层治理创新。"

1. 更加强化各级党组织的核心堡垒作用

党建引领是新时代"枫桥经验"的政治灵魂。党的领导是坚持和发展新时代"枫桥经验"的根本保证。基层党建和推进市域社会治理现代化,说到底都是做"人"的工作。只有突出"人"这个核心,最大限度提升人的素质、释放人的活力、促进人的全面发展,才能抓住关键、抓住重点、抓出成效。要始终坚持党在市域社会治理中的领导核心地位,发挥统筹指导协调作用,将此作为贯穿市域社会治理的一条红线,在守正创新中构建市域社会治理的"四梁八柱",强化市域社会治理的组织根基,真正提高各级党委(党组)在加强和创新社会治理中把方向、谋大局、定政策、促改革的能力和定力。动员党员群众到村(社区)注册成为平安志愿者,参与平安巡防、交通整治、平安创建等平安志愿行动。加强对基层各类组织特别是社会组织的政治引领、组织引领、能力引领、机制引领,

积极推动社会组织中党的建设，把各类基层组织凝聚在党旗下，村委会、居委会、社区、物业公司、业委会全部实现党的组织和工作覆盖，实行交叉任职，形成市域社会治理领导合力，真正把党的政治优势和组织优势转化为市域社会治理优势，以基层党建创新引领推动市域社会治理创新，探索党建引领市域社会治理的新路径。

2. 更加树牢"以人民为中心"的理念

新时代"枫桥经验"的精髓是"以人民为中心"，坚持"以人民为中心"的发展思想，是做好市域社会治理现代化各项工作的基本要求。要始终把"以人民为中心"作为根本立场，坚定不移走中国特色市域社会治理之路，把党的群众路线坚持好、贯彻好，努力满足人民群众美好生活新需要，健全完善群众参与基层社会治理的组织形式和制度化渠道，充分发挥家庭家教家风在基层社会治理中的作用，让人民群众成为市域社会治理的主体、主要力量、最大受益者、最广参与者和最终评判者。要坚持基层民主自治理念，弘扬基层协商文化、"和合"文化，切实保障人民群众的基本权利，充分相信群众、依靠群众，问需于民、问计于民，为人民群众提供参与社会治理的各种机会，让他们能够组织起来，自主决策、自主发展，最终达到"善治"的目标，切实解决群众身边的"关键小事"，激发人民群众共建"平安中国"的自豪感和使命感，让人民群众既能安居又能乐业，从而有更多的获得感、幸福感、快乐感和安全感。

3. 更加尊重乡村基层的实践创新

社会治理不是政府治理，更不是政府管理，政府不能包打天下、承担无限责任。高手在民间，创新在基层。要厘清基层政府与基层群众性自治组织的权责边界，制定县（区）职能部门、乡镇（街道）在城乡社区治理方面的权责清单制度，实行工作事项准入制度，减轻基层特别是村级组织负担。发扬人民群众首创精神，为基层创新体制机制留足余地和空间，鼓励村、社区、居委会发挥聪明才智开展创新工作，创新创造管用有效的制度机制。要将镇（街道）、村（社区）工作清单以外的工作内容纳入创新指标管理，将不属于镇（街道）、村（社区）工作范围的业务收归相关业务部门负责，将容易引发社会矛盾和阻碍镇（街道）、村（社区）服务的工作移除镇（街道）、村（社区）工作清单。要坚持以深化"最多跑一次"改革为龙头，撬动社会治理领域各项改革，加大体制机制创新，为市域社会治理现代化提供有力制度保障。要把预测预警预防作为根本任务，努力打造矛盾风险防控新模式，将"中国之制"的制度优势转化为"中国之治"的市域社会治理能力优势。

4. 更加突出"互联网＋社会治理"的智能高效治理

科学技术创新，大数据应用，是市域社会治理现代化、智能化的翅膀。要强化互联网思维，加快推动"枫桥经验"与现代科技的深度融合，按照"全域覆盖、全网共享、全时可用、全程可控"要求，以"雪亮工程"项目为依托，建设党委政府直接领导的运行指挥平台和信息化综合平台，发挥智能化、信息化建设的倒逼作用，促进市域社会治理流程再造、提升优化。全面推进综治中心规范化建设，重视基层社区建设，加强基层社会治理队伍建设，构建网格化管理、精细化服务、信息化支撑、开放共享的基层应急治理和管理服务平台。坚持智能推进，深化"互联网＋社会治理"探索，以"互联网＋"驱动公共服务、公共安全、矛盾化解、风险预警、网格管理、基层自治等模式创新，激发市域社会治理新动能。要积极推进信息基础设施一体化建设，破解"数据鸿沟""信息孤岛"，充分运用大数据、云计算、人工智能等现代科技手段，建立健全信息技术辅助科学决策机制，不断提升政府应对复杂局面的能力，推动市域社会治理的智能化和高效化，提升市域治理现代化水平。

5. 更加强调治理力量的职业化、专业化、社会化和多元共治

市域社会治理体制建设，是推进国家治理体系和治理能力现代化的基础性工作。完善市域社会治理，首先要实现政府与"社会"的合作。要大力培育和发展社会组织，全面调动社会组织在协调利益、化解矛盾、维护稳定等方面的最大动能。要在做好社会化文章上下功夫，在创新"互联网＋社会组织"新型发展模式上下功夫，在推进基层治理专业化上下功夫，积极培育发展职业化、专业化的社工队伍，培养专业的心理咨询人才，促进社会治理更专业、更集约、更高效。注重引导社会协同、公众参与，实现市域社会治理力量的职业化、专业化、社会化。要分清哪些领域是政府职责，哪些领域是"社会"范畴，实现政府与社会组织在公共服务领域合作互动、共同发展，政府、社会组织和居民各归其位、各担其责，形成加强和创新市域社会治理的强大合力。要把基层基础建设作为根本支撑，推进人力、物力、财力、权力、注意力"五力"下沉，构建乡镇、街道简约高效的基层治理体制，统筹推进乡镇机构改革。加强基层工作力量，保证基层事情有人办，解决乡镇普遍面临的"事多人少"难题，确保基层权力给基层、基层事情基层办，使乡镇组织力量进一步增强，形成机制简约、运行高效、多方协同的共建共治共享市域社会治理新格局。

6. 更加注重发挥以法治保障为基的"三治融合"乘数效应

构建自治、法治、德治"三治融合"的基层社会治理体系，是浙江创新发展"枫桥经验"的最新成果。坚持和推进"三治融合"，是总结提升推广新时代"枫桥经验"的题中之义，也是坚持和发展新时代"枫桥经验"的根本方法，更是市域社会治理现代化的发展和创新方向。在市域社会治理中，要不断强化自治的基础作用、法治的保障作用、德治的引领作用，开展党群同心大融合行动，大力

推进"三治融合"示范村（社区）创建活动。通过自治，把基层参与市域社会治理的权力交给人民群众，群众的事情让群众自己决定，激发基层民主自治活力；通过法治，弘扬社会主义法治精神，深入推进基层依法治理，强化法治保障，健全利益表达机制、利益协调机制和利益保护机制，让法治成为重要价值取向，运用法治思维和法治方式治理难题，为营商环境、社会风尚和法治社会建设注入强大法治力量；通过德治，加强基层社会文化建设，弘扬社会主义核心价值观，发挥思想引领和文化凝聚作用，实现柔性治理社会、道德教化群众，最大限度消解社会戾气，塑造自尊自信、理性平和、积极向上的社会心态。让"三治融合"在市域社会治理现代化中发挥乘数效应，达到事半功倍的效果，真正将市域社会治理优势转化为经济社会高质量发展优势。

2

第二章
娟子式调解员之家事
纠纷调解实践

传统文化在家事审判中的运用实证分析

濮阳市清丰县人民法院 李金玲

2018年7月19日,最高人民法院院长周强在家事审判方式改革试点工作总结大会上指出:"推进家事审判改革,是建设社会文明的重要举措,是弘扬社会主义核心价值观的必然要求,是坚持以人民为中心的具体实践。"家事审判改革应当也必须从传统文化中汲取营养,正如北京大学法学院教授苏力在其所著的《法治及其本土资源》一书中所指出的:"中国的法治之路必须利用本土资源,注重中国法律文化的传统和实际。"家事审判改革与发展倘若离开对传统文化现代意义的发掘和弘扬,只能成为无源之水、无本之木。

一、同心婉娩若琴瑟:传统文化与家事审判的美丽邂逅

近年来,清丰县人民法院认真落实党中央关于弘扬传统文化、加强家庭建设的要求,大力推进家事审判方式和工作机制的改革,在家事审判中精心融入传统文化元素,进行了许多有益的探索与

尝试。

1. 营造温馨的"家文化"氛围

"父慈子孝""其乐融融"是国民普遍向往的理想家庭状态，家事法庭以亲情文化、孝慈文化、和合文化、孝悌文化为主基调精心布局，注重凸显孝道、家庭文化元素，营造柔性化解氛围。

（1）彰显法庭文化元素。家事法庭区分室外文化墙和室内功能区两部分。院内设置孝道亭、亲情亭，两侧设置以"孝""亲"文化为主旋律的家事文化墙，内容涵盖孝道历史传承发展、典型故事人物、社会主义核心价值观等，并取"清断家务事，丰成六尺巷"的首字谓之"清丰"。大厅装饰浮雕式"和合"文化主题墙，右侧上方"心大了，所有的事情都小了；心小了，所有的事情都大了"，将孝慈、孝悌等传统文化娓娓道来，极具启发性，让当事人步入家事法庭、进入办事大厅就能感受到强烈的视觉冲击，引发心理震撼。

（2）建设特色功能场所。结合家事案件亲缘性的特点，创造性地设立了会客审判庭。会客审判庭突出"家"的氛围，用丈夫、妻子、家事调查员等称谓代替传统的"原告""被告""审判员"。大大的中国红"家"字就像一个房子，与中国风的沙发、藤制的座椅、"家和万事兴"的彩画交相呼应。还精心布置了以温馨为主基调的心灵驿站、儿童观察室、劝和堂。建立了孝道文化展览室，设计了儿童笑脸、家庭和睦墙等与家事审判相关的功能性场所，充分缓解当事人之间的对立、抵触情绪，在特定情境下促成当事人和解。

例如原告赵某与被告王某离婚纠纷一案中，原告赵某与被告王某经人介绍认识，婚后生育两个女儿，原告赵某以被告王某不务正业，对家庭及孩子不管不顾为由将其诉至法院，要求同被告离婚。承办法官阅卷后发现原、被告结婚满5年，长女刚满4周岁，便敏锐意识到原、被告应该存在和好的可能性，遂在审理过程中特意安排了心理咨询环节。当4岁的孩子在心理咨询师循循引导下，说出"我爱爸爸，我爱妈妈，谁也不想离开"时，爸爸早已潸然泪下，妈妈顿时泣不成声，法官遂趁热打铁将原、被告引至会客审判庭，在事先充分征询当事人意见后，向双方当事人展示了具有特定情感内涵的婚姻录像、结婚照、全家福、与父母合影等资料，唤起双方当事人对昔日温馨岁月和美满生活的美好回忆，激起了当事人强烈的情感共鸣，最终引导双方向亲情角色回归。

2. 运用礼法理念调解各类家事纠纷

家庭伦理规范是传统礼法中的重要内容，《孝经》中说"孝，始于事亲，中于事君，终于立身"，是说孝的起码的要求是对父母的赡养。又如，父慈子孝、兄爱弟敬，既爱自身又爱家庭所有成员，还要由此推及社会，"爱亲者不敢恶于人，敬亲者不敢慢于人"，还要"老吾老以及人之老，幼吾幼以及人之幼"。这些规范都是易于被群众接受的理念与规则。依礼调解，就是说以儒家推崇的道德规范来调解家事矛盾，利用传统的伦理道德观念劝导当事人，使当事人不再执着于争执事情的是非曲直，而是被亲情、人情所感化，最终达到息诉的目的。

例如原告兰某与被告李某解除收养关系纠纷一案。原告兰某在被告李某刚出生时亲生母亲难产死亡的情况下收养李某，并为李某娶妻成家，帮助李某照顾孩子。但是近几年，原告年龄超过80岁，其逐渐丧失了劳动能力，被告李某竟然不履行应尽的赡养义务。兰某一直由其他几个子女轮流赡养，遂起诉至法院，要求解除与李某的收养关系，并要求李某返还抚养费50000元。本案虽是解除收养关系纠纷，但其本质是赡养纠纷，简单的判决并不能解决矛盾。经传唤李某了解到：被告李某表示并不是不赡养老人兰某，而是兰某的几个亲生子女的经济条件都比李某的好一些，而且他们兄弟几个联合起来欺负李某，导致兄弟之间出现矛盾。本案审理中，承办法官遂从礼法观念出发，结合传统孝道文化引导李某，告知其经济条件差并不是逃避赡养义务的借口，只有兄弟和睦了，老母亲才能颐养天年。李某也承认自己确实对母亲有做得不到位的地方，以后一定改进。接着，法官又将兰某的其他几个子女传唤到法庭，告知其兄谦弟恭的道理，兄弟齐心才能让老母亲安享晚年。

儒家视"孝悌"为"仁"的根本，"孝悌"讲的是长幼有序和人性博爱，要孝顺父母，兄谦弟恭。家不是讲理的地方，而是讲爱的地方，要运用传统的亲情文化去教化、感化当事人，引导当事人用更包容的心态去善待家人，使得当事人被亲情、人情所感化，最终达到息诉的目的。原告兰某当场办理了撤诉手续。在后续回访中得知，被告李某在结案几天之后主动把原告兰某接到自己家中赡养，矛盾从根本上得以化解。

3. 建立具有疗愈能力的专业家事审判团队

（1）组建"专家型"审判队伍。家事审判法官应具有丰富的生活经验以及娴熟的沟通技巧，具有婚姻家庭阅历的法官显然在这方面更具优势，因为这些法官能更好地通过劝解、谈心等交流方式与双方当事人进行沟通，能更深层次地客观评判当事人的实际婚姻生活状况，这更有利于减少和抚慰处于弱势地位者在亲情纠纷中所受的心灵创伤。

在家事审判人员的选任上，秉承了甄选兼具专业知识与社会阅历的双重标准，配置有2名资深员额法官，2名女性法官助理，4名审判辅助人员和2名特警，他们均具有婚姻经历，熟悉家事审判业务，具备综合协调能力。

（2）建立特邀调解员制度。注重发挥孝道楷模的榜样力量，将当地孝道楷模和文明家庭成员作为特约调解员"坐诊"家事法庭，进行"现身说法式"调解。13 年如一日照顾瘫痪在床母亲的河南省道德模范李冰、濮阳市十佳好媳妇李瑞花等 12 名当地孝道楷模，参与家事纠纷化解。这既传承了"忠孝、仁爱、礼让、和善"的敦厚民风，又拓展了传统文化外延，赋予诚信、和睦、和谐等更多的时代内涵，使家事审判改革更有质感、更有温度。

例如原告李某与被告王某经人介绍相识，于 2011 年举行婚礼，2011 年 11 月 13 日生育长子王晓某，2013 年 11 月 2 日生育次子王某亮。双方婚后伊始感情尚好，但好景不长，因婚前缺乏互相了解，婚后没有建立深厚的夫妻感情，自孩子出生后，双方经常为生活琐事争吵，矛盾逐渐加深。自 2014 年起，夫妻双方先后两次向法院提起离婚诉讼。虽在第一次诉讼后，经耐心调解和好如初，但是很快又矛盾激化，原告再次诉至法院，请求判决离婚。在案件调解过程中，调解员首先以孩子成长为切入点，积极引导原、被告反省思过，并结合自身的婚姻经历劝导当事人进行换位思考，共同把孩子的问题解决好，又带领原告实地参观了孝道文化展览室，重点学习了新二十四孝及历代清丰的孝道事迹图展。在特定环境下，当事人内心产生触动。紧接着，调解员又邀请家事法庭特约调解员李冰同志到法庭同原告进行深入的交流，以李冰自身的孝道事迹感化当事人，劝其珍视亲情、淡化纷争，促使双方反省思过。经过调解员的耐心劝解，双方当事人经过反思后达成调解协议，最终重修秦晋之好，长达 5 年的积怨得以化解，同时也挽救了一个家庭。

4. 构建多元化的纠纷化解机制

（1）构建联调格局。家事案件法律关系既包含了家庭成员之间的身份纠纷，也牵涉财产争议，既有当事人事实上、法律上的争议，还涵盖伦理、情感上的纠葛。这种特殊性使和解、调解等多元化纠纷解决机制适用存在更大的空间。清丰法院积极推动民政、妇联、教育、团委、乡镇政府、基层组织等融入家事审判的责任网络框架中，联合印发了《清丰县家事纠纷综合解决机制实施意见》，明确职责任务，初步形成了"大联调＋小联动"的家事审判工作格局。

（2）设置判后观察期制度。在家事审判工作中，还创造性地推行了人身保护令、离婚财产申报、判后婚姻观察期、离婚证明书等多项机制。判后观察期的设置，是清丰法院的一项独创之举。观察期严格区分死亡婚姻与危机婚姻，在遵循婚姻自由的原则下，对于夫妻感情已经彻底破裂的死亡婚姻，及时下判予以解除。对于夫妻感情尚未达到彻底破裂程度，有和好希望的危机婚姻或因偶发矛盾一时冲动诉讼离婚的，在尽力做和好工作的同时，使用判决不准离婚的方法保护家庭关系稳定。但是，判决不准离婚后，双方到和好如初继续共同生活还有一定距离，为了打通"最后一公里"，设置判后观察期制度，敦促有和好意愿的一方配偶制作感情修复计划，在基层组织、当地有威望的人士或长辈的见证下签订计划书，法院视情况不定期进行回访。这种做法收到了多重效果：一是让起诉离婚的一方当事人在心理上获得保证；二是促使希望和好的一方做出改善婚姻状况的具体行动；三是如果未来又诉讼离婚，在处理时法官有了更加直观的参考。判后观察期的设置对于危机婚姻的挽救起到了十分积极的作用，有效维护了婚姻家庭的和谐。

（3）引入心理疏导机制。在推行四项基本机制的基础上又推行了心防工程，在审判中引入心理疏导机制，与本地心理机构签订长期合作协议，由心理咨询师长期驻点提供心理咨询服务，"事结"之前先化"心结"，引导当事人做出理智选择。

以一起离婚案件为例，原告胡某与被告张某于 2012 年举办结婚典礼，于 2014 年生育一个男孩，后来孩子因患有疾病夭折。由于婚前双方了解不够，感情基础较差，自孩子夭折后，夫妻感情急遂恶化，自 2015 年分居至起诉已经三年。原告自 2016 年始多次要求离婚。该案件中当事人积怨久、矛盾深、举证多，通过梳理案情，发现自原、被告痛失孩子后，夫妻二人在精神和生活上都没有及时给予对方支持和扶助，反而因沉重的负债和彼此的误会致使夫妻矛盾逐步加深，夫妻矛盾甚至上升为双方家族仇恨。从 2016 年开始，胡某先后四次起诉离婚，但未被判决离婚。双方争议的焦点并不在夫妻感情是否破裂上，而在于原、被告给夭折的孩子治病所欠下的夫妻共同债务应如何承担。被告甚至扬言如果法院不解决好这个问题就判决离婚，被告就去挖坟把孩子送到法庭。经过走访得知，被告所在村的村委主任对双方当事人的长期矛盾比较熟悉，且村委主任亦是被告一族的族长。原告胡某因多次被判决不准离婚，多次到妇联反映其诉求，与妇联有关同志也比较熟悉。针对这种情况，承办法官果断采取了多元化化解纠纷的思路。庭前首先邀请心理咨询师对当事人的心结进行专业疏导，平复其激烈的对峙情绪，使双方能够平心静气地坐下来商谈问题，以包容的态度审视事件经过。开庭当日邀请被告方的村支书、村委主任，县妇联的同志共同参与调解，该案最终以调解方式结案，两人和平分手，涉及的夫妻债务当场处理完毕。

区别于以法院为主的相对固化的审判方式，多方联动的多元化纠纷化解机制不再是法院一家的"单打独斗"，而是强调诸多部门的共同努力、互相协作、紧密配合。多元化解决机制可以更为有效地处理家事纠纷，激活家事审判对家庭的疗愈功能，取得更为理想的效果。

二、枝间新绿一重重：传统文化助推家事改革日臻完善

五千年璀璨的文明历史，造就了博大精深的中华民族传统文化

与道德精髓。文化与道德是一个民族的根，因此，不管是我国的司法审判制度的改革，还是家事审判的创新，都必须与时俱进，弘扬和传承传统文化和道德。牢牢抓住传统文化这一渗透性因素，紧紧围绕家事审判改革实践，在制度构建、机构设置、权益保护、庭审方式等各个方面，坚持优秀传统文化引领，把传统文化理念贯穿家事审判改革始终。

1. 设置专门的家事审判机构

（1）现实依据。家事纠纷自身的特殊性决定了家事纠纷也应当由专门的审判机构来处理，通过细化分工，达到质效双升的目的，这样显然要比当前的大杂烩式的审判模式更为专业与高效。就目前的审判实践来看，设置独立的家事审判机构也具备了充分的现实依据：一是家事纠纷受案数量上升趋势尤为明显，审判压力日益增大，专业化需求明显。只有逐步摒弃粗放式的司法模式，对家事案件进行精细化处理，才能回应和满足家事案件当事人的个性化司法需求，彰显家事审判的专业性，更精准地适用相关法律。二是伴随经济社会的发展与网络的勃兴，新类型的家事纠纷不断涌现，涉及的程序问题、证据责任的分配与认定、未成年人利益的特殊保护等日趋复杂，处理的难度日益增加。三是现行家事审判模式缺乏对家事纠纷特殊性的关注，家事法官简单的"司法逻辑化"严重桎梏法官的主观能动性的发挥，难以实现未成年人利益最大化等。这一系列现实问题，迫使我们对现行家事审判模式进行深刻反思。如何整合现有有限的司法资源应对多元化的司法需求？设置独立的家事审判机构无疑是当前最佳的选择。

（2）基本思路。结合我国实际来看，近年来家事案件数量保持了较高增速，但是各地区呈现出较大的不平衡性，法官应本着实事求是的原则因地制宜、稳步推进，不宜采取"一刀切"的办法统一设置家事法院或者家事法庭，否则，不仅会对当前的司法体制形成较大的冲击，也极易导致司法资源的浪费。在人口及案件较为密集的地区，可考虑设立独立的家事法院，而对于人口比较集中但案件较为分散的地区，可考虑实行案件的集中管辖，由某一法院集中审理跨区域的家事案件，在人口较为分散且案件纠纷数量不是太大的地区，可以在法院内部设置单独的家事审判法庭或者巡回法庭。

（3）调解力量。法律不能解决所有的家事纠纷，诉讼也未必是化解矛盾的最佳手段，相较于"刚性"的裁判，"柔性"的方式往往更能取得修复与治愈家庭关系的效果。结合各地实际，引入特邀调解员制度，或与妇联、司法、基层组织等建立常态化联合化解机制，充分运用道德、习俗等易为群众所接受的传统文化优势，古为今用、因势利导，共同聚力家事纠纷调处，尽力消弭化解矛盾。

2. 研究制定家事审判程序

（1）显著特征。家事案件是由家庭关系所引发的纠纷，相较于其他法律关系有许多自身的特殊性。家事纠纷区别于普通民事诉讼的显著特征在于：第一，家事纠纷的成因复杂，很难泾渭分明地查明；第二，家事纠纷时刻发生变化，对于结果往往无法做出预判；第三，家事纠纷的解决方式方法是多种多样的。

（2）审理方式。家事纠纷的当事人之间天然地带有血缘或者情感上的联系，不能按照非黑即白、非此即彼的逻辑简单裁判，应将当事人之间情感的恢复、未成年人利益的考量等作为更高层次的价值取向。同时，家事案件中的当事人亲自到庭，案件内容涉及个人隐私不宜公开审理，冷静期的设置与审限制度的冲突，"谁主张谁举证"的证据规则与强化职权调查的矛盾对立，强制调解的适用，等等，都说明家事案件的审理应当具备与之相适应的有别于一般契约式纠纷的审理程序，普通民事纠纷的解决程序不适合也不利于家事纠纷的彻底化解。

3. 适当强化职权主义在家事审判中的适用

（1）家事纠纷存在内容上的隐蔽性。对簿公堂，双方在法庭上唇枪舌剑，昔日的似水柔情已然化为满腔怒火，锱铢必较的当事人不惜挖掘对方隐私进行大肆攻讦，甚至为争取己方利益最大化竭力歪曲夸大事实，仅靠双方言辞很难发现客观真实。家事纠纷的形成与发展天然地带有一定的隐蔽性。在当事人一方故意隐匿、转移财产的情况下，机械援引"谁主张，谁举证"的证据规则，难以实现实质正义。审判程序中如若运用一般民事诉讼证据规则会很难发现接近真相的事实，依据优势证明标准认定法律事实的方式也很难被当事人所认可。

（2）权利救济存在现实障碍。司法实践中夫妻双方离婚时一方不知道对方财产状况的情形较为常见，一方寄希望于法院调查取证，却往往因不能提供基本财产信息而被拒绝。虽然相关法律对于夫妻共同财产的权利性质、行使方式及权利救济均有所规定，但是申请法院调查取证的前提是要提供基本的财产信息，如对方的证券账号、权属证明等。一旦申请方无法提供上述信息，法院不予调查取证并不违背民事诉讼中"谁主张，谁举证"的基本规则，救济的权利则可能仅仅沦为"纸面上的权利"。虽然事后受害方依然可以主张重新分割财产，甚至可以要求侵害方少分或不分，但离婚之后取得有关证据的难度更大，离婚时夫妻共同财产权益被对方侵害后的救济途径非常狭窄。这就需要适当强化职权主义在家事审判中的运用，根据客观情况适当扩大依职权调查取证范围，进而弥补诉讼能力偏低群体诉讼能力上的不足。

（3）加强制度保障维护合法权益。例如，目前推行的离婚案件财产强制申报制度，让双方如实申报相关财产并告知当事人不如实申报的后果。这一制度的推行一方面节省了大量调查取证工作，在很大程度上减少了财产争议，另一方面也减少了当事人因财产分割导致的二次诉讼，节约了司法资源。同时借鉴台湾地区家事调查官的做法，引入家事调查员制度，聘请基层组织工作人员担任家事调查员。家事调查员接受人民法院委托，通过走访亲属、邻居、工作单位等方式了解当事人财产状况和婚姻状况等生活事实，探寻案件的全貌并最终形成意见书，经当事人质证后可以作为裁判的重要参考。

4. 加大对未成年子女权益的保护

（1）未成年人权益面临诸多被侵害的风险。家事纠纷中，父母双方的矛盾纠纷从家庭转移到法院，双方为了各自的利益大打出手者也屡见不鲜，双方当庭展示的证据也都是出于自己的种种利益考量，当其自身利益与子女利益发生冲突时，其往往会出于财产争夺或满足自身情感需要等目的而忽略未成年子女的利益，甚至把"未成年子女作为最好的砝码"。特别是涉及未成年子女的抚养权归属问题时，需要考量子女的真实意愿。若子女属于无民事行为能力人或限制民事行为能力人，可能不具备或者不完全具备表达自己真实意愿的能力。再者，即使他们表达出了自己的意愿，由于其没有渠道阐述自身真实想法或行使自身权利，父母对子女的安排有绝对的主导权，其可信度也有疑问。办案法官也难以通过短暂的庭审过程判断子女的真实意愿，法院对未成年子女的言辞是否采纳也成为难题。

（2）强化未成年人权益保障。在家事审判中应加强对未成年子女利益的保护，要坚定不移地贯彻子女利益最大化原则。家事案件审判应当首先考虑未成年子女的利益，由传统的偏重父母的权利和感情需求，转向强调子女的利益和父母对子女的责任。建议家事案件中为未成年子女指定特别代理人参与诉讼。特别代理人可以是与子女共同生活的祖父母、外祖父母或其他近亲属，也可以是公益律师，或者是当地妇联、未成年人保护协会等社会公益组织成员。在子女利益与父母利益发生冲突的家事案件中，法院认为有必要时，可以为未成年子女指定特别代理人参与诉讼，特别代理人独立于法定监护人以外，单纯为子女利益代言，这样，从制度层面加强了对未成年子女利益的保障。

（3）完善心理疏导机制。切实转变重身份关系确认和财产分割而轻情感辅导，重财产利益保护而轻人身利益和精神利益保护的思路。邀请专业优秀传统文化学者或者心理专家对孩子进行专业性和针对性的心理疏导，一方面最大限度抚平孩子因家庭矛盾诱发的心灵创伤，另一方面，不着痕迹地渗透优秀传统文化中的"德仁""孝悌"观念，忠恕思想，孝敬长辈、友爱手足、诚实守信的良善观念，等等，提升自身对不良环境的免疫力，引导未成年人健康成长。

我国南北方矛盾纠纷的对比分析与研究

濮阳市清丰县司法局　蔡　娟

2021年2月19日，中共中央总书记、国家主席、中央军委主席、中央全面深化改革委员会主任习近平主持召开中央全面深化改革委员会第十八次会议并发表重要讲话。会议审议通过《关于加强诉源治理推动矛盾纠纷源头化解的意见》，强调法治建设既要抓末端、治已病，更要抓前端、治未病。要坚持和发展新时代"枫桥经验"，把非诉讼纠纷解决机制挺在前面，加强矛盾纠纷源头预防、前端化解、关口把控，完善预防性法律制度，从源头上减少诉讼增量。

全国各地贯彻落实这一会议精神，坚持发展"枫桥经验"，普及调解理念，加强人民调解工作，就地化解矛盾纠纷，显得尤为重要。那么，我国南方和北方在矛盾纠纷内容和化解方法上有什么不同呢？

一、对比分析

娟子工作室由南到北赴有关省市交流人民调解工作经验，经实地调研，现简单分享一下南北纠纷的对比。

1. 类型不同

娟子是 2015 年开始在"枫桥经验"发源地——浙江省诸暨市枫桥镇从事人民调解工作的，2019 年到河南省清丰县从事人民调解工作。在浙江的四年人民调解工作中，娟子工作室和老杨调解中心一起化解基层矛盾纠纷。调解的案例以权属纠纷、借贷纠纷、邻里纠纷、赡养纠纷、工伤纠纷、劳资纠纷及交通肇事纠纷为主。2020 年，娟子应邀去江西省赣州市南康区交流人民调解工作经验时，司法局同志介绍，区域内有上万家企业，所以矛盾纠纷以工作中的意外伤害和拖欠农民工工资为多。娟子去广东省佛山市顺德区交流调解工作经验时，顺德区法院庭前调解员反映纠纷以商品经济类为主。2019 年，娟子应邀去甘肃省玉门市和敦煌市交流人民调解工作经验时，当地政法干部反映农村土地纠纷多，城里鸡毛蒜皮纠纷多。去天津交流时，干部反映以社区拆迁纠纷和物业管理方面的纠纷为多。娟子到了河南后，发现日常接触的矛盾纠纷中婚姻家事类纠纷、宅基地纠纷、借贷类纠纷等较为突出。

综上所述，南方和北方因经济发展内容、经济发展程度不同，所以产生的矛盾纠纷内容也有所不同。在企业数量上，南方比北方要多一些，所以产生的工伤纠纷、劳资纠纷、交通事故纠纷多些。北方的话，乡村土地纠纷多些。尤其是像河南、甘肃等地，农民平均拥有的土地亩数多，又在发展中，因土地引发的纠纷，如建新房宅基地纠纷就相对多些。

2. 诉求不同

南方和北方的当事人对于矛盾纠纷调处的诉求也不同。南方的当事人在诉求上不以经济利益为目的，产生纠纷后，当事人更多的是为争一口气和面子上过得去。比如在对待婚姻纠纷上，南方的纠纷当事人找到调解员，更多的是向调解员诉说对方有太多缺点、生活中不与自己沟通、怀疑对方对自己不忠诚等情感需求。当事人找到调解员不是为了表达自己真想离婚，而是想通过调解员做对方的工作，从而恢复以前两情相悦的关系。而北方的婚姻家庭纠纷当事人的诉求，多以请调解员调解夫妻生活中产生的经济纠纷为主，比如婚前的彩礼纠纷问题、孩子抚养费纠纷问题等。北方的婚姻家庭纠纷当事人找调解员时，矛盾已经很深。当事人来就是下定了决心，想在离婚前让调解员把财产纠纷调解好，再去办离婚手续。很多北方的当事人与专业的婚姻家庭咨询师沟通后，会遗憾地告诉调解员，如果有人提前疏导婚姻生活中的矛盾纠纷，就不会立刻想到起诉至法院离婚。所以普及调解理念这一点真的很重要。

3. 程度不同

纠纷爆发时在南方和北方的激烈程度也不同。通常，我们会发现，南方当事人在面对意见不一致时，口角争吵的纠纷多。遇到纠纷时，会先跟对方理论，理论不成，一方就先报警等待处理。所以广东的警调对接模式中，调处的派出所案例多。浙江的老杨调解中心也在调处一起起枫桥派出所分派的民事案件。如果南方村镇的村民发生矛盾纠纷，那么当事人会找到村（居）委会、镇调委会请求调解，调解不成再起诉至法院。法院的民事案件不多，因为调解成功率甚至达到百分之百。在北方，婚姻家庭纠纷发生时，男方家暴女方的情况比较多，这更易激化女性对婚姻的不满。这几年河南、天津等地的离婚率均超过全国平均水平，这也是原因之一。

4. 方式不同

南方人遇到纠纷时一般首先想到的是找村（居）委会解决，有事找调解组织的意识比较强。随着网络的发展，群众遇事时线上给政府留言解决的也很多。政府有关部门接到群众诉求后，也会在第一时间通过线上回复诉求人或告知下一级镇村组织回复诉求人的问题，使矛盾纠纷第一时间化解。在北方，百姓遇到问题时，他们首先想到的或许是信访。群众如果有疑难纠纷解决不了就直接到县信访局，信访局会通过访调对接进行处理或者把信访人反映的问题下派到信访人所在的镇村。还有，遇到矛盾纠纷时，在北方，诉求人会请律师直接起诉对方。不过随着"枫桥经验"的推广和调解理念的普及，近年来，老百姓遇到纠纷时也会第一时间去找村镇调委会解决。比如以前清丰县是信访大县，进京上访的很多，因为清丰县早晚都有直达北京的公共汽车，很方便。但随着县委县政府和政法委、司法局对调解工作的重视，2019 年，清丰县引进了"枫桥经验"发源地的娟子工作室，培养了一批娟子式村镇调解员和庭前调解员，老百姓遇到纠纷时也会第一时间找调解员解决。一般的矛盾纠纷，不出村就可以得到解决，清丰县的访诉调对接一站式服务，使群众进一扇门就可解忧愁。

二、调解差异

1. 组织方面

我国的调解工作从中华人民共和国建立初期就开始形成。2011年，我国开始施行《中华人民共和国人民调解法》。调解组织和调解工作都与时俱进。调解工作为适应人民对矛盾纠纷化解的新要求而不断创新。比如上海市，早在 2003 年就成立了以调解员个人命名的工作室"人民调解李琴工作室"。该工作室属于专门化的调解工作室，其与街道办事处订立工作责任书，同时明确人民调解组织与政府的服务合同关系，这样可以使工作室有专门的经费开展人民调解工作。这就是通常所说的政府购买服务。在云南，2020 年 2月 3 日召开的信访局长视频会议也要求坚持发展"枫桥经验"，多

元化解矛盾纠纷，把矛盾纠纷化解在一线。清丰县还在全国首创了
"人民调解员协会"，通过人民调解员协会承接政府购买调解服务，
整合各方力量，增强调解力量，形成了拳头效应，打造了人民调解
"清丰模式"。这一模式在司法部得到推广。在天津市宁河区，人
民调解组织深入网格。遇到矛盾纠纷时，居民足不出网格就有化解
矛盾的调解员兼网格员为他们排忧解难。政府购买调解服务的方式
正在各地推广，个人调解工作室也在国内如雨后春笋般建立，极大
方便了政府为民解忧。

2. 社会化程度

在南方，由于经济较发达，生产生活中遇到的矛盾纠纷也更加
繁多，调解的理念和意识深入政府和人们日常。比如浙江省诸暨市
政府和民间对调解机构和调解员都比较认可和尊重，为民化解矛盾
的调解机构和调解员在当地很受欢迎。尤其是品牌调解室，比如枫
桥镇的老杨调解中心、暨阳街道的江大姐工作室等在当地广为人知。
当地群众有矛盾纠纷或提起调解时都会想到品牌调解室和品牌调解
员，调解工作的社会化程度高。在北方，河北省赵县和山东省泰安市，
对人民调解工作和调解室的建立也同样重视。但相较南方充足的调
解资源和调解大环境，北方调解工作的社会化程度还相对偏低一些。

3. 人员素质

人民调解员基本上年龄偏大，以退休干部为主力军。尤其是在
南方，从事调解工作的专职人员中，年轻人偏少。像浙江和四川等
省的调解员，年龄大多在 60 岁以上，文化程度普遍偏低，但工作
阅历深厚，社会影响力大。有的从事调解工作长达 20 年以上，还
是国家级调解专家。像浙江的调解员杨光照、四川的调解员马善祥，
都是全国品牌调解员，都受到过习近平总书记的接见。北方因为调
解员队伍建设起步晚些，所以新招录的年轻调解员比例高，相对而

言，调解员拥有的法律知识和学历水平也高。像河南省清丰县招录的年轻调解员，拥有大专及以上学历的占九成，有的甚至是律师。这为新时代调解员队伍备足了新鲜的血液，为今后北方调解事业注入了新的活力，解决了南方时常担忧的调解员队伍青黄不接现象。尤其是河南、甘肃等地党委政府对人民调解员队伍建设出台了一系列政策和文件。像清丰县就从"枫桥经验"发源地引进调解品牌娟子工作室，当地政府的"十三五"规划和"十四五"规划都将培养娟子式调解员这一内容写入其中。政府培养一支化解基层矛盾的调解员队伍，助力当地平安建设。

4. 工资待遇

在南方，经济相对发达，调解员待遇稳定且普遍较高。像在上海、江苏、江西和广东等地，无论是政府聘请的调解员还是在政府购买服务的调解工作室工作的调解员，都能及时领到不低于普通职工的工资，年轻调解员都有"五险一金"这一最基本的待遇保障。浙江和广东的普通调解员年收入大概在 5 万到 10 万元不等。而在北方，总体来说，调解员的薪资水平一般，有的地方调解员干一天算一天薪资，而且"五险一金"得不到保障，工资待遇不及时发放的现象也存在。总体来说，南北方兼职调解员或退休后当调解员的，对于待遇问题不是十分计较，尤其是退休后当调解员的很多都是出于一种发挥余热和爱好调解工作的心理。

5. 价值追求

南方与北方的调解员在对调解工作的价值追求上也存在着差异。在南方，因为调解员年龄都相对偏大，调解员在认真对待工作的同时，不对调解的职业做长远打算。尤其是南方的年轻调解员未将调解这一职业作为终生的事业，如果中途有好的职业，跳槽离开的比较多。北方的调解员相对来说更安心于从事调解工作，虽然他们的工资待遇、社会影响力和地位没有南方的调解员高。

6. 方式手段

随着数字化的推进、互联网的发展，调解的方式方法也在与时俱进。在南方，像浙江杭州、湖北武昌、江西赣州、贵州绥阳和上海等地，调解员经常用到互联网远程调解和微信调解。在河北、河南、北京、天津等地，传统的调解方法使用较多，但在法院的诉前调解上，利用远程视频进行调解的也不少。在调解方式上，应该说南北差异并不太大。

婚姻纠纷调解法律要点

北京联合大学 李 凌 中国政法大学 汤 旭

婚姻纠纷是家事矛盾纠纷中最为常见的一种，这类纠纷涉及的法律要点又往往复杂、细致，特别是在《民法典》实施之后，其婚姻家庭编替代了原来的《婚姻法》，部分家事纠纷处理规则发生了变化。本文旨在从最新的法律规范的视角为婚姻纠纷提供合理合法的调解思路和办法，也为陷入纠纷的当事人提供保护自己合法权益的盾牌。

一、婚姻关系要点解读

1. 离婚诉讼中当事人的诉讼行为能力问题

在离婚诉讼案件调解过程中，应对双方的诉讼行为能力进行审查。若发现当事人无法正常与人沟通交流，或持有精神残疾证、智力残疾证等，认为当事人诉讼行为能力可能有瑕疵，应及时与负责多元调解的法官沟通，予以审查处理。

被告一方为限制民事行为能力人、无诉讼行为能力人，且原告一方为其监护人的，可参照《最高人民法院关于适用〈中华人民共和国民事诉讼法〉的解释》第八十三条的规定，由其他有监护资格的人协商确定被告在诉讼中的法定代理人，协商不成的，由人民法院在有监护资格的人中指定。当事人没有《民法典》第二十七条、第二十八条规定的监护人时，可以指定《民法典》第三十二条规定的有关组织担任诉讼中的法定代理人。无民事行为能力人或限制民事行为能力人的离婚纠纷案件，如双方达成调解，由其监护人作为法定代理人签署调解协议。

2. 婚姻无效的法定情形

《民法典》第一千零五十一条规定，符合重婚、有禁止结婚的亲属关系、未到法定婚龄三种情形之一的，婚姻无效。具体而言，重婚，即有配偶又与他人登记结婚的，再次登记结婚的婚姻无效；有禁止结婚的亲属关系，是指《民法典》第一千零四十八条规定的，直系血亲以及三代以内的旁系血亲；法定婚龄，是指《民法典》第一千零四十七条规定的，登记结婚时男方须年满二十二周岁，女方须年满二十周岁。未达到法定婚龄的，首先，婚姻登记机关是不予办理结婚登记的，其次，如果当事人通过隐瞒事实以及其他非法手段领取了结婚证，婚姻关系也是无效的。

3. 可撤销婚姻的情形

《民法典》第一千零五十二、一千零五十三条规定，因受胁迫或因隐瞒重大疾病而结婚的，受胁迫的一方或被隐瞒的一方可以向人民法院请求撤销该婚姻。

因胁迫而形成的可撤销婚姻，最高人民法院出台的司法解释认为应同时符合以下构成要件：①一方实施了胁迫行为，即一方以给另一方当事人或其近亲属的生命、身体健康、名誉、财产等方面造成损害为要挟；②另一方系受胁迫而与一方登记结婚，即双方已经办理登记结婚手续，建立了婚姻关系；③受胁迫一方同意结婚的意思表示并非真实意愿，且其上述意思表示系受胁迫而做出；④受胁迫一方在法定期限内向人民法院或婚姻登记机关提出申请；⑤双方符合结婚的实质要件。

根据《民法典》，重大疾病患者在结婚登记前承担如实告知另一方的义务。如果该患者没有履行婚前如实告知的义务而与对方登记结婚，则形成的婚姻可撤销。

上述两类可撤销婚姻的撤销申请均应当在法定期限内提出。请求撤销因胁迫而形成婚姻关系的应当在胁迫行为终止之日起一年内提出。同时，如果是被非法限制人身自由的当事人请求撤销婚姻的，应当自恢复人身自由之日起一年内提出，即如果对该婚姻当事人的胁迫行为已经终止或限制人身自由的行为已经解除，且超过一年的，则对该婚姻不可再提起撤销申请。因此在胁迫行为和人身自由受限的持续期间内，该婚姻始终处于可撤销状态，不受一年的法定时效限制。同样，申请撤销因隐瞒重大疾病而形成的婚姻关系，应当自知道或者应当知道撤销事由之日起一年内提出，一年期限届满后则无法提出撤销申请。超过一年的申请时效的撤销，人民法院不予支持，当事人只能按离婚程序来解除婚姻关系。

4. 涉及可能存在无效婚姻、可撤销婚姻的处理

无效婚姻或被撤销的婚姻，自始无效。双方当事人不具有夫妻的权利义务。这里所称的"自始无效"，是指无效或可撤销婚姻在依法被宣告无效或被撤销时，才确定该婚姻自始不受法律保护。

根据《民法典》的相关规定和精神，婚姻的无效和可撤销不能经调解确认，调解中若发现婚姻可能涉及无效或可撤销情形的，应交由负责多元调解的法官处理，向当事人释明，并告知其变更诉讼请求。因为确定婚姻效力，只能依据客观事实依法认定，而不能依当事人的意愿而定。人民法院在判决无效或可撤销婚姻时，应对所涉及的子女和财产问题一并处理。对子女和财产问题的处理，既可采用调解方式，也可采用判决方式。

5. 关于登记结婚瑕疵问题的处理

若存在夫妻一方或双方使用他人身份证进行婚姻登记、登记时本人未到场或由他人代为登记等婚姻登记瑕疵情形，经审查不属于婚姻无效或可以撤销婚姻的，应告知其可以申请行政复议或提起行政诉讼。

6. 关于事实婚姻的认定及处理

《民法典》第一千零四十九条规定，要求结婚的男女双方必须亲自到婚姻登记机关申请结婚登记。符合本法规定的，予以登记，发给结婚证。完成结婚登记，即确立夫妻关系。未办理结婚登记的，应当补办登记。根据《最高人民法院关于适用〈中华人民共和国民法典〉婚姻家庭编的解释（一）》第七条，未依据《民法典》第一千零四十九条规定办理结婚登记而以夫妻名义共同生活的男女，提起诉讼要求离婚的，应当区别对待：①1994年2月1日民政部《婚姻登记管理条例》公布实施以前，男女双方已经符合结婚实质要件的，按事实婚姻处理。②1994年2月1日民政部《婚姻登记管理条例》公布实施以后，男女双方符合结婚实质要件的，人民法院应当告知其补办结婚登记。未补办结婚登记的，依据本解释第三条规定处理。男女双方符合结婚实质要件是指：双方达到法定婚龄、均无合法配偶、无禁止结婚的亲属关系或疾病等。

7. 离婚纠纷案件双方当事人未调解好，但原告申请撤诉，对此种离婚纠纷案件应谨慎审查

针对此种情形应多与双方当事人沟通，了解原告撤诉的原因，避免发生当事人撤诉后隐匿转移夫妻共同财产、因家庭矛盾升级引发人身伤害等事件。

8. 离婚冷静期的适用

《民法典》一千零七十七条为离婚设置了为期 30 天的"冷静期"。所谓"离婚冷静期"，是指夫妻到婚姻登记机关申请离婚时，依法应当对是否离婚进行冷静思考，经过 30 天冷静思考后仍决定离婚的再办理离婚证。因此，离婚证将不再是随时办随时领，而是必须等到离婚登记 30 天届满后，双方仍决意离婚的，再亲自到民政局去办理。如果 30 天届满，双方未出现在民政局，民政局将默认夫妻双方已决定不离婚了，就不会发出离婚证。《民法典》设置的这个 30 天的"离婚冷静期"就是为那些任性、草率型离婚开出的"后悔药"，通过限定一段时间来延缓夫妻冲动式办理离婚登记的速度。通过冷思考、慎抉择后，一旦有一方不愿意离婚，都可以在登记离婚的 30 天内向民政局申请撤回离婚申请。

9. 关于夫妻感情破裂的认定

夫妻双方对解除婚姻关系不能达成一致意见的，可以从判断夫妻感情是否破裂的角度出发，并可以了解双方家庭长辈以及其他亲属的意见，做调解和好或调解离婚工作。感情是否破裂应当根据离婚纠纷案件的客观事实，从婚姻基础、婚后感情、离婚原因、夫妻关系的现状和有无和好可能等方面综合分析。

《民法典》第一千零七十九条列举了五种应认定感情破裂的情形。

①重婚或与他人同居。这里所述的重婚是指本案当事人双方登记结婚后，其中一人与他人再次登记结婚或虽未登记结婚但以夫妻名义共同生活的行为。与他人同居，是指有配偶者与婚外异性，不以夫妻名义，持续、稳定地共同居住。

②实施家庭暴力或者虐待、遗弃家庭成员。实施家庭暴力或虐待、遗弃家庭成员的行为人为夫妻一方，而受害人则不限于夫妻另一方，也包括家庭其他成员。《中华人民共和国反家庭暴力法》第二条规定："本法所称家庭暴力，是指家庭成员之间以殴打、捆绑、残害、限制人身自由以及经常性谩骂、恐吓等方式实施的身体、精神等侵害行为。"持续性、经常性的家庭暴力，构成虐待。故实践中经常遇到的日常吵架、夫妻间因琐事引发的摩擦、肢体冲突等一般家庭纠纷与家庭暴力有所区别。

对于家庭暴力，当事人或者称为受害者除了可以根据《民法典》的有关规定提出离婚外，还可以要求家庭暴力实施者承担损害赔偿的民事责任。同时，当事人因遭受家庭暴力或者面临家庭暴力的现实危险，可以向人民法院申请人身安全保护令。若当事人是无民事行为能力人、限制民事行为能力人，或者因受到强制、威吓等无法申请人身安全保护令的，其近亲属、公安机关、妇女联合会、居民委员会、村民委员会、救助管理机构可以代为申请。并且，根据《治安管理处罚法》，对实施家庭暴力尚未构成犯罪的可处以 15 日以下拘留、200 元以下罚款或者警告的行政处罚。另外，严重的家庭暴力会构成刑法中暴力干涉婚姻自由罪、虐待罪、故意伤害罪、故意杀人罪、侮辱罪等罪。家庭暴力实施者对共同生活的家庭成员经常以打骂、捆绑、冻饿、强迫超体力劳动、限制自由等方式，从肉体、精神上摧残、折磨，情节恶劣的，构成刑法上规定的"虐待罪"的，应处二年以下有期徒刑、拘役或者管制；如果引起被害人重伤、死亡的，处二年以上七年以下有期徒刑。

③有赌博、吸毒等恶习屡教不改。除了赌博、吸毒这两种恶习外，其他如严重酗酒、嫖娼、卖淫等严重伤害夫妻感情的行为亦属于可以认定夫妻感情破裂的法定情形。

④因感情不和分居满二年。是否分居应结合双方饮食起居是否分开、有无夫妻性生活、经济上是否独立等具体情况，主要以夫妻之间是否尽到相互照顾、相互扶持的义务来认定。

根据《最高人民法院关于适用〈中华人民共和国民法典〉婚姻家庭编的解释（一）》第二十三条规定，夫妻双方因是否生育发生纠纷，致使感情确已破裂，一方请求离婚的，人民法院经调解无效，应认定为夫妻感情破裂的情形。

⑤其他导致夫妻感情破裂的情形。

除以上五种法定情形外，裁判中可能认定导致夫妻感情破裂的因素还可以参考以下几种情形：①一方有生理缺陷或其他原因不能发生性行为，且难以治愈的；②婚前缺乏了解，草率结婚，婚后未建立起夫妻感情，难以共同生活的；③婚前隐瞒了精神病，婚后久治不愈，或者婚前知道对方患有精神病而与其结婚，或一方在夫妻共同生活期间患精神病，久治不愈的；④一方欺骗对方，或者在结婚登记时弄虚作假，骗取结婚证的；⑤双方办理结婚登记后，未同居生活，无和好可能的；⑥一方被依法判处长期徒刑，或其违法、犯罪行为严重伤害夫妻感情的；⑦一方或双方有婚外情的。

10. 审查被告是否为现役军人或符合《婚姻法》规定的在一定期限内不得起诉的情形

《民法典》第一千零八十一条规定，现役军人的配偶要求离婚，应当征得军人同意，但是军人一方有重大过错的除外。即现役军人的配偶能够证明该军人存在重大过失而提出与其离婚的，无须经过军人同意。

11. 法定期限内不得起诉离婚的情形

《民法典》第一千零八十二条规定，女方在怀孕期间、分娩后一年内或终止妊娠后六个月内，男方不得提出离婚。具体而言，"怀孕期间"是指女方从受孕之日起至分娩（或者终止妊娠）之日的一段时间；"分娩后一年内"，是指婴儿出生之日起一年内；"终止妊娠后六个月内"，是指女方流产之后六个月内。不过，女方提出离婚或人民法院认为确有必要受理男方离婚请求的情况，不受本条限制。

《中华人民共和国民事诉讼法》第一百二十七条第七项规定，判决不准离婚和调解和好的离婚案件，若没有新情况、新理由，原告在六个月内又起诉的，不予受理。前次诉讼的被告起诉的案件不受上述规定期限的限制。上述六个月期限的起算时点应为前次诉讼不准离婚的判决、调解和好的调解书或未出具书面调解书的调解协议生效之次日，或准予撤诉裁定生效之次日。

经询问若符合以上情形的，不再进行调解，交由负责多元调解的法官处理。

二、子女抚养要点解读

1. 处理子女抚养问题需明确的事实

夫妻协商一致同意解除婚姻关系的，应对夫妻双方是否有需抚养的未成年子女进行核实。有需抚养的未成年子女的，须明确如下事实，并就子女抚养问题做出处理。

①被抚养子女的范围。首先应确定夫妻双方共生育几名未成年子女，包括婚生子女、非婚生子女以及养子女，须有出生医学证明、户籍证明等证据材料。

②被抚养子女的基本情况，包括年龄、性别、就学或入托情况以及子女现随谁共同生活、由谁直接照顾。

③夫妻双方是否还有与他人生育的其他子女，或其他需由其抚养的未成年人。

④夫妻双方的抚养条件情况，包括工作情况（工作时间、工作地点、工作性质）、经济条件（有无稳定收入来源等）、居住情况（有无稳定的居住条件、是否有利于子女学习生活）、文化程度（有无教育子女的能力）、有无不良品行等。

2. 关于亲子关系确认问题

婚姻关系存续期间受孕或出生的子女，应当推定与夫妻关系存续期间丈夫一方存在亲子关系。《最高人民法院关于适用〈中华人民共和国民法典〉婚姻家庭编的解释（一）》第三十九条规定，夫妻一方向人民法院起诉请求确认亲子关系不存在，并已提供必要证据予以证明，另一方没有相反证据又拒绝做亲子鉴定的，人民法院可以推定请求确认亲子关系不存在一方的主张成立。同时，父或者母以及成年子女起诉请求确认亲子关系，并提供必要证据予以证明，另一方没有相反证据又拒绝做亲子鉴定的，人民法院可以认定确认亲子关系一方的主张成立。若调解过程中，存在夫妻一方或双方主张婚内受孕或所生子女非夫妻共同子女的，应交由负责多元调解的法官处理，不能在调解过程中就身份关系进行确认。

3. 子女抚养权的确定

子女抚养权的确定，应本着有利于未成年人成长的原则，所以调解中不仅要考虑夫妻双方对于离婚后子女抚养的意见，还要了解是否有不利于子女成长的其他因素，并尊重有认知能力子女的意愿。根据《民法典》和《最高人民法院关于适用〈中华人民共和国民法典〉婚姻家庭编的解释（一）》，子女抚养权的确定具体可以分为以下几种情况。

①两周岁以下的子女，一般以由母亲直接抚养为原则。母亲有下列情形的，子女可随父亲生活：患有久治不愈的传染性疾病或其他严重疾病，子女不宜与其共同生活的；有抚养条件不尽抚养义务，

而父亲要求子女随其生活的；其他原因导致子女确不宜随母亲生活的。同时，应当注意，夫妻双方协商达成一致，对于不满两周岁的子女由父亲直接抚养，并对子女健康成长无不利影响的，法院予以支持。

②两周岁以上的未成年子女，父亲或母亲要求随其生活，一方有下列情形之一的，可予优先考虑：已做绝育手术或因其他原因丧失生育能力的；子女随其生活时间较长，改变生活环境对子女健康成长明显不利的；无其他子女，而另一方有其他子女的；子女随其生活，对子女成长有利，而另一方患有久治不愈的传染性疾病或其他严重疾病，或者有其他不利于子女身心健康的情形，不宜与子女共同生活的。父母抚养子女的条件基本相同，双方均愿意直接抚养子女的，可以考虑祖父母、外祖父母的意愿以及平时照顾被抚养子女的情况予以处理。

③对于年满八周岁的未成年子女抚养权归属问题，应当考虑并尊重子女的真实意愿。在征求未成年子女意见时，一般应单独进行，避免父母在场情况下对子女产生不当影响。在考虑子女意见时，亦不能一味遵从子女选择，应综合把握是否有利于子女身心健康成长。

④轮流抚养。一般情况下应确定子女由一方直接抚养，另一方有权利进行探视，但在有利于保护子女利益的前提下，父母双方可协议轮流抚养子女。

4. 关于继子女的抚养权归属问题

《最高人民法院关于适用〈中华人民共和国民法典〉婚姻家庭编的解释（一）》第五十四条规定，生父与继母或生母与继父离婚时，对曾受其抚养教育的继子女，继父或继母不同意继续抚养的，仍应由生父母抚养。

5. 关于养子女抚养权归属问题

离婚案件涉及收养行为效力，收养行为有效性可以确认的，对收养的未成年子女抚养问题应一并处理。养父母离婚后双方均有义务抚养养子女，参照婚生子女的处理方式对养子女的抚养权归属问题予以协商。确有证据表明收养行为效力难以确认的，应告知当事人另行向人民法院请求确认收养的效力。

6. 离婚后抚养权的变更

《最高人民法院关于适用〈中华人民共和国民法典〉婚姻家庭编的解释（一）》第五十五、五十六、五十七条规定，夫妻双方离婚后可以变更子女的抚养权，双方通过协议对抚养权变更达成一致即可进行变更，法院予以认可，但如果父母双方无法达成一致意见，并且其中一方仍要求变更子女抚养关系的，则应当向法院另行提起诉讼。如果存在下列法定情形之一，法院应当支持父或母一方变更抚养关系的请求：①与子女共同生活的一方因患严重疾病或者因伤残无力继续抚养子女；②与子女共同生活的一方不尽抚养义务或有虐待子女行为，或者其与子女共同生活对子女身心健康确有不利影响；③已满八周岁的子女，愿随另一方生活，该方又有抚养能力；④有其他正当理由需要变更。

依据以上法律规定及审判中认定的事实，法院在判决子女抚养关系变更时，一般会重点考虑子女利益最大化和尊重子女意愿两方面的因素。离婚后子女抚养关系变更，意味着将对离婚时确定的抚养关系进行变更，这势必影响到子女未来的生活和教育等，此种变更必须是慎重的、严肃的。

7. 关于探望权的问题

《民法典》第一千零八十六条规定，离婚后，不直接抚养子女的父或母，有探望子女的权利，另一方有协助的义务。并且离婚的父母双方可以直接协议约定行使探望权的时间和方式，协商不成的，由法院进行判决。在确定子女抚养问题后，并不必须就探望问题一并予以确认。鉴于双方当事人的生活情况、家庭情况变动较大，关于如何探望子女的问题由父母双方协商处理为宜。并且可释明双方当事人，如在今后就探望权、抚养权变更、抚养费变更等问题发生纠纷时，有另行提起诉讼的权利。当事人坚持就探望权予以明确的，应对探望的方式、次数、地点、如何交接等予以明确。

应当注意，根据《民法典》第一千零八十六条和相关司法实践，父或母的探望在不利于子女身心健康的特定情况下可以被法院中止，待中止事由消失后，应当依法恢复探望。其中，若出现以下情况可视为"不利于子女身心健康"：①父母一方患精神疾病、传染性疾病，有吸毒等行为或对子女有暴力行为、骚扰行为等；②父母一方以探望子女为由，教唆、胁迫、引诱未成年子女实施不良行为；③父母一方在探望过程中对子女有严重违法或犯罪行为；④探望方有借探望之机藏匿子女行为；等等。此外还可以参考《中华人民共和国预防未成年人犯罪法》第二十八条所列行为。

关于中止探望的程序启动者，《最高人民法院关于适用〈中华人民共和国民法典〉婚姻家庭编的解释（一）》第六十七条规定："未成年子女、直接抚养子女的父或者母以及其他对未成年子女负担抚养、教育、保护义务的法定监护人，有权向人民法院提出中止探望的请求。"

三、财产分割要点解读

1. 夫妻共同财产认定的一般规定

夫妻就婚姻关系存续期间所得的财产以及婚前财产没有约定或约定不明确的，按照法定原则处理。根据《民法典》及其司法解释，夫妻在婚姻关系存续期间所得的下列财产，归夫妻共同所有：①工资、奖金、劳动报酬。②生产、经营、投资的收益。③知识产权的收益，仅指婚姻关系存续期间实际取得或者已经明确可以取得的财产性收益。④继承或受赠所得的财产，但《民法典》第一千零六十三条明确规定属于个人财产的除外（离婚纠纷只处理婚姻关系存续期间已经继承所得的财产，尚未分割的不予处理）。⑤一方以个人财产投资取得的收益（夫妻一方婚前财产在婚后产生的收益为夫妻共同财产，孳息和自然增值除外）。⑥男女双方实际取得或者应当取得的住房补贴、住房公积金。⑦男女双方实际取得或者应当取得的养老保险金、破产安置补偿费（离婚时夫妻一方尚未退休、不符合领取养老保险金条件，另一方请求按照夫妻共同财产分割养老保险金的，不予支持；婚后以夫妻共同财产缴付养老保险费，离婚时一方主张将养老金账户中婚姻关系存续期间个人实际缴付部分作为夫妻共同财产分割的，应予支持）。⑧其他应当归共同所有的财产。上述所称的共同所有为共同共有，并非按份共有。

有下列情形之一的，为夫妻一方的财产：①一方的婚前财产；②一方因身体受到伤害获得的医疗费、残疾人生活补助费等费用（军人的伤亡保险金、伤残补助金、医药生活补助费属于个人财产）；③遗嘱或赠与合同中确定只归夫或妻一方的财产；④一方专用的生活用品；⑤其他应当归一方的财产。夫妻对共同所有的财产，有平等的处理权。夫妻一方所有的财产，不因婚姻关系的延续而转化为夫妻共同财产，但夫妻另有约定的除外。

属于个人财产还是夫妻共同财产难以确定的，主张权利的一方负有举证责任。无法举证的，按夫妻共同财产处理。

2. 对于夫妻财产约定的认定与处理

《民法典》第一千零六十五条规定，男女双方可以约定婚姻关系存续期间所得的财产以及婚前财产归各自所有、共同所有或部分各自所有、部分共同所有。约定应当采用书面形式。夫妻对婚姻关系存续期间所得的财产以及婚前财产的约定，对双方具有法律约束力。

夫妻财产约定的范围包括婚姻存续期间所得的财产以及婚前财产，可对所有财产进行概括约定，也可就某一项或几项财产进行分别约定。但应注意的是，将一方所有的财产约定为另一方所有，属于夫妻之间的赠与行为，而不属于夫妻财产约定。夫妻间的赠与行为适用合同法的相关规定，动产交付之前、不动产变更登记之前可以撤销。

3. 以离婚为条件的财产分割协议的效力

根据《最高人民法院关于适用〈中华人民共和国民法典〉婚姻家庭编的解释（一）》第六十九条的规定，当事人达成的以协议离婚或者到人民法院调解离婚为条件的财产以及债务处理协议，如果双方离婚未成，一方在离婚诉讼中反悔的，人民法院应当认定该财产以及债务处理协议没有生效，并根据实际情况依照《民法典》第一千零八十七条和第一千零八十九条的规定判决。

当事人依照《民法典》第一千零七十六条签订的离婚协议中关于财产以及债务处理的条款，对男女双方具有法律约束力。登记离婚后当事人因履行上述协议发生纠纷提起诉讼的，人民法院应当受理。

4. 夫妻分居期间各自所得财产的处理

目前，我国法律还没有对分居期间的财产属性做出另外特别的规定，因此，按照目前《民法典》的规定，在夫妻没有对婚内财产做出特别约定的情况下，婚姻关系存续期间，也就是分居期间所得收入仍属于夫妻共同财产。法院在处理分居期间所得财产时，通常会以分割夫妻共同财产的方式做出判决。

《最高人民法院关于人民法院审理离婚案件处理财产分割问题的若干具体意见》第四条规定："夫妻分居两地分别管理、使用的婚后所得财产，应认定为夫妻共同财产。在分割财产时，各自分别管理、使用的财产归各自所有。双方所分财产相差悬殊的，差额部分，由多得财产的一方以与差额相当的财产抵偿另一方。"修正后的《民法典》婚姻家庭编对此没有明确规定，在实践中认定夫妻分居期间取得的财产，仍适用该条司法解释的规定。

但是，毕竟分居期间相较于正常的婚姻关系存续期间，处在夫妻关系异常状态，如果严格按照夫妻共同财产进行对半分割，确实会造成不公。因此，不能将分居期间所得财产绝对地视为夫妻共同财产。离婚分割时，法院也会根据分居时间长短、管理财产情况、生活消费支出等各方面因素，衡量是否需要平分分居期间的财产所得。

5. 离婚纠纷中可能涉及第三人利益的处理

离婚纠纷经常涉及家庭共有财产归属问题。如有类似涉及第三人利益的，可建议当事人就身份关系以及未涉争议的财产进行处理。有争议的财产另行起诉解决。当事人坚持就财产争议一并处理的，应交由负责多元调解的法官处理。

6. 对于遗嘱中确定只归夫或妻一方的财产如何认定

在实践中应当把握遗嘱中是否有明确排除夫妻另一方财产权利的表述。按照通常表述习惯，如果在遗嘱中表述为"我所有的某财产在我过世后由儿子某某继承"，因该表述中未明确排除其儿媳的继承权，故并不能依该表述认定遗产只由其子继承而排除其儿媳的财产权利。

7. 对于夫妻共同财产的清点、勘察、确定保管问题

离婚纠纷中已经调解达成协议的财产，须经过清点予以确认，在勘察笔录中明确财产的类型、铭牌、型号、数量等信息。如不能当即履行的，须确定财产保管人，并向其释明隐匿、转移、损毁财产的后果。财产较少，并由当事人提供证据确认的，可不进行清点。且应在调解书中就所处理财产的数量、种类、型号、执行方式等予以列明。

8. 分割夫妻共同财产的一般原则

①平等原则。男女平等是《民法典》婚姻家庭编所规定婚姻制度的基本原则。平等原则包括夫妻关系存续期间，只要属于夫妻共同财产的，不论其对财产收益的贡献大小，夫妻双方均有平等的占有、使用、收益、处分的权利。在夫妻离婚时，双方对夫妻共同财产享有平等的权利，原则上应当均分。这里所指的对夫妻共同财产享有平等的权利并不影响根据具体情况对夫妻共同财产分割比例的调整。

②照顾子女和女方权益原则。首先要保护未成年子女的合法财产权益，不得将未成年子女的合法财产作为夫妻共同财产予以分割；为保证未成年子女利益，可以在分割夫妻共同财产时，给直接抚养未成年子女的父母一方适当多分财产。鉴于女性的经济收入和生存能力一般略低于男性，为避免女性因经济生活问题而影响其离婚请求权的行使，以及降低离婚对其生活的影响，可在分割夫妻共同财产时，适当多分女方份额。

③有利生产、方便生活原则。对夫妻共同财产的分割应便于双方的生产、生活，且应尽量保留财产的原有属性及价值。对于生活资料，应根据实际使用需求物尽其用。对于生产资料，应以保证生产活动、正常经营为前提，不损害其效果及价值。

④不得损害国家、集体和他人利益原则。不得将国家、集体和他人所拥有的财产作为夫妻共同财产予以分割，不得借分割夫妻共同财产逃避共同债务，不得借分割夫妻共同财产逃避应当承担的赡养、抚养等法定义务。离婚纠纷中应就共同财产分割与离婚问题一并处理，当事人协商一致无须处理的，可由当事人自行处理。根据《最高人民法院关于适用〈中华人民共和国民法典〉婚姻家庭编的解释（一）》第八十三条，离婚后，一方以尚有夫妻共同财产未处理为由向人民法院起诉请求分割的，经审查该财产确属离婚时未涉及的夫妻共同财产，人民法院应当依法予以分割。故调解时应就本案中争议的夫妻双方的财产范围予以确认，避免以一揽子纠纷解决方式处理后，一方当事人以还有其他夫妻共同财产未处理为由再次提起诉讼产生争议。

9. 离婚中的经济补偿、经济帮助和损害赔偿的适用

根据《民法典》第一千零八十八条的规定，离婚经济补偿制度是指夫妻一方因在家庭事务等方面付出了较多的义务，在离婚时基于公平原则，可以请求另一方给予相应补偿的权利。需要注意的是，经济补偿请求以负担较多家庭义务为前提，并且需在离婚时由一方主动提出。根据"谁主张谁举证"的原则，负担家事劳务的一方，在主张经济补偿时，需提供婚姻存续期间家事劳务的具体内容、照顾的孩子和老人数量、投入时间与精力说明等方面的证据。如证据能证明其确实负担了较多的劳务，则其主张能够获得支持。关于经济补偿的财产来源，应为另一方所拥有的个人合法财产。即从另一方所分得的财产或另一方的个人财产中拿出一部分，来补偿提供了家事劳务的一方。补偿的方式不局限于金钱，还可以扩展到房屋的归属、居住权等方面。如今，各地适用家务劳动补偿制度案件数量逐渐增多，陆续"落槌"，这意味着家务劳动的价值也在法律层面，

得到更为广泛的承认和尊重。

离婚中经济帮助的目的是帮助生活困难一方度过暂时的经济困难期，因此经济帮助关乎的是情感和情理。《民法典》第一千零九十条规定，离婚时，如果一方生活困难，有负担能力的另一方应当给予适当帮助。具体办法由双方协议；协议不成的，由人民法院判决。具体而言，一方生活困难，是指依靠个人财产和离婚时分得的财产无法使其维持当地基本生活水平。如一方离婚后没有住处的，属于生活困难，离婚时，另一方以个人财产中的住房对生活困难者进行帮助的形式，可以是房屋的居住权或者房屋的所有权。可以看出，离婚时的经济帮助能否达成取决于一方生活是否困难，以及另一方是否有帮助的能力，这仅仅是一个事实上的判断。当一方确有困难，另一方也有帮助的能力，双方一般是可以就帮助的具体数额和具体办法达成协议的。只有在协议不成时才由人民法院判决。

相对于经济帮助，离婚损害赔偿则是一方就其过错给对方造成的损害应承担的一种弥补责任，付出赔偿的一方是为自己的过错买单。根据《民法典》第一千零九十一条对离婚损害赔偿的规定，离婚时无过错方有权请求损害赔偿的具体情形包括：①重婚；②与他人同居；③实施家庭暴力；④虐待、遗弃家庭成员；⑤有其他重大过错。《最高人民法院关于适用〈中华人民共和国民法典〉婚姻家庭编的解释（一）》在第八十六条到第九十条对离婚损害赔偿进行了解释规定：离婚损害赔偿包括物质损害赔偿和精神损害赔偿；只能是无过错方向有过错一方提起，双方都有过错的则都不能提起；损害赔偿只能在离婚时提起，无过错方为被告的情况下可以在离婚时提起也可以单独提起；办理离婚登记手续后，当事人还可以依据法定理由向法院提出损害赔偿请求，而如果当事人在协议离婚时已经明确表示放弃损害赔偿请求的，则不能再向法院请求。

"有其他重大过错"首先是"过错",还要比较"重大"而非一般的"过错"。譬如可以履行夫妻义务的一方长期不履行,打击或者陷害对方或者对方的近亲属,隐瞒或者侵占或者肆意挥霍大额的共同财产或者对方个人财产,等等。

10. 对隐匿、转移夫妻共同财产的处理

《民法典》第一千零九十二条规定,夫妻一方隐藏、转移、变卖、毁损、挥霍夫妻共同财产,或者伪造夫妻共同债务企图侵占另一方财产的,在离婚分割夫妻共同财产时,对该方可以少分或者不分。离婚后,另一方发现有上述行为的,可以向人民法院提起诉讼,请求再次分割夫妻共同财产。同时,《民法典》第一千零六十六条规定,婚姻关系存续期间,一方有隐藏、转移、变卖、毁损、挥霍夫妻共同财产或者伪造夫妻共同债务等严重损害夫妻共同财产利益的行为的,夫妻一方可以向人民法院请求分割共同财产。

对于上述条款在纠纷中的适用,必须符合主客观相一致的原则。客观上,一方存在隐藏、转移、变卖、毁损、挥霍夫妻共同财产或伪造债务的行为;主观上,该方具有侵占另一方财产的故意。因此,主张方只要举证其配偶存在隐藏、转移夫妻共同财产的客观行为,即可推定其配偶具有侵占共同财产的故意。被主张方则就其不存在主观故意负有举证责任,即对推定的事实可以通过反证予以推翻。

四、不动产分割要点解读

1. 房产分割的一般规则

婚姻存续期间双方以夫妻共同财产购置的房产,登记在一方或双方名下的,为夫妻共同财产。

夫妻一方在婚前购置或婚后以个人财产购置的房屋,登记在出

资人名下的，仍应属于个人财产。

夫妻一方在婚后以个人财产全额出资购置的房屋，产权登记在双方或对方名下的，不考虑有无夫妻共同财产或对方个人财产混合出资，均应确定为夫妻共同财产。

一方婚前贷款或借款买房，婚后夫妻共同偿还购房贷款或借款的房屋，产权登记在首付款支付方名下的，离婚时房屋由双方协商处理。协商不成的，房屋可归产权登记一方，并由其对另一方进行补偿并承担继续还贷义务。

2. 婚前贷款买房，婚后夫妻共同还贷离婚时补偿款的计算方式

计算房屋补偿款时，应查明婚前签订合同支付首付款、银行贷款及还款、产权登记、夫妻共同支付款项、银行贷款及还贷、产权登记、夫妻共同支付款项、财产增值、尚未归还贷款的情况。

产权登记一方对另一方进行房屋补偿的计算公式为：房屋补偿款＝夫妻共同支付款项（包括本息）÷（房屋购买价＋全部应付利息）×房屋现值×50%。

非产权登记一方对另一方进行房屋折价补偿的计算公式为：房屋补偿款＝夫妻共同支付款项（包括本息）÷（房屋购买价＋全部应付利息）×房屋现值×50%＋（产权登记一方支付的首付款＋其个人还贷部分）÷（房屋购买价＋全部应付利息）×房屋现值。

房屋现值可由双方当事人根据市场情况协商确定，争议较大必须经过评估程序的，应交由负责多元调解的法官处理。对房贷的计算标准可通过当事人提供、向银行查询以及通过互联网查询等方式确定。

3. 父母出资购房的处理

对于父母出资购房的处理应区分父母出资购房的时间、房屋登记的所有权人、父母出资购房的比例及出资方式等因素。

婚前父母出资购房的处理

出资人及出资比例	房屋产权登记	处理方式
一方父母全额出资	登记在出资方子女名下	认定为产权登记方婚前个人财产
一方父母支付房屋首付款	登记在出资方子女名下	由夫妻二人共同还贷的，离婚时一般将房产判归产权登记方所有，由该方支付剩余贷款。对婚内夫妻双方共同还贷（包括本金与利息）及房屋增值部分，由产权登记方对另一方进行补偿
	登记在另一方子女名下	认定为夫妻共同财产。父母明确表示赠与登记方或夫妻双方或者有其他相反约定的除外
	登记在双方子女名下	认定为夫妻共同财产。若双方约定了共有方式及各自份额，则按照双方约定享有房屋产权。若双方对共有方式未进行约定，视为等份共有
双方父母均出资	登记在夫妻一方名下或双方名下	应认定为夫妻共同财产。父母的出资应认定为对各自子女的赠与

婚后父母出资购房的处理

出资人及出资比例	房屋产权登记	处理方式
一方父母全额出资	登记在出资方子女名下	认定为个人财产
	登记在对方子女名下或双方子女名下	认定为夫妻共同财产。父母出资部分视为对对方子女的赠与，但父母明确表示赠与一方的除外

续　表

出资人及出资 比例	房屋产权登记	处理方式
一方父母部分出资或支付首付款，夫妻双方共同还贷	登记在出资方子女名下或双方子女名下	认定为夫妻共同财产。父母出资部分视为对对方子女的赠与，但父母明确表示赠与一方的除外
双方父母均出资	登记在一方名下	一般按照夫妻共同财产处理。《最高人民法院关于适用〈中华人民共和国民法典〉婚姻家庭编的解释（一）》第二十九条规定：当事人结婚后，父母为双方购置房屋出资的，依照约定处理；没有约定或者约定不明确的，按照《民法典》第一千零六十二条第一款第四项规定的原则处理
	登记在双方名下	

　　2021 年 1 月 1 日起正式实施的《最高人民法院关于适用〈中华人民共和国民法典〉婚姻家庭编的解释（一）》关于"子女登记结婚前，父母出资购房，视为对自己子女单方的赠与"这一点的规定和之前《婚姻法》司法解释是一致的。

　　但是，对子女登记结婚后，父母出资如何认定则修改为"有约定的，按照约定，没有约定或约定不明确的，推定为对夫妻双方的赠与"。这与原来《婚姻法》司法解释二规定的"该出资应当认定为对夫妻双方的赠与，除非父母明确表示只赠与一方"和司法解释三规定的"如果产权只登记在其子女名下，视为对自己子女的单方赠与"有着明显的差别。

　　也就是说，该司法解释实施后，子女婚后买房，父母出资的，没有约定或约定不明确的，无论是全额出资还是部分出资，无论是登记在一方名下还是双方名下，都优先推定为夫妻共同财产，归夫妻共同所有。

根据这一新规定，建议此后婚后父母出资买房，最好由父母、子女和子女的配偶一起签订书面协议，明确约定父母出资的性质是借款还是赠与。如果是赠与，需约定清楚是只赠与子女，还是赠与子女及其配偶。如果是借款的，约定清楚利息和还款期限等。

4. 婚前购房的处理

婚前由双方或一方出资，登记在另一方名下的房产，有证据表明双方是以结婚、长期共同生活使用为目的购房，在离婚时应考虑实际出资情况、婚姻关系存续时间、有无子女等情况，由产权登记一方对另一方予以合理补偿。

5. 婚前个人所购房屋婚后增值部分是否为夫妻共同财产

夫妻一方婚前以其个人财产购买的，其增值并非由个人经营活动所得，亦体现不出配偶一方的贡献或协力，而是由房地产市场行情变动引发的、非主观行为的结果。故房屋的自然增值应当属于一方的婚前个人财产，而不应作为夫妻共同财产进行分割。

6. 仅有一套住房的处理

夫妻双方只有一套共有住房，双方均主张房屋所有权但均无能力补偿对方时，如双方就房屋分割问题无法达成一致的，可确定双方对房屋按份共有，并在此基础上结合二人生活需要、房屋结构等因素就房屋使用问题做出处理。

7. 农村宅基地上的房屋处理

农村宅基地上的房屋一般没有经过登记。但夫妻以其二人出资主张房屋的所有权，宅基地登记证书或建房批示上登记为夫妻一方父母或长辈的，不可以直接进行分割处理。即使双方当事人对房屋处理达成了一致意见，也应告知当事人另行经过所有权或使用权确认，不能在离婚纠纷中一并处理。夫妻在婚姻关系存续期间以一方名义申报，共同出资新建、翻建的房屋归夫妻共同所有。有其他家庭成员出资出力的共同建造、共同使用的，应另行经过确权后处理。

农村"离婚不离家"的情况较多。由于农村房屋无法变卖，双方当事人亦无其他居所，则需就农村宅院的所有权、使用权予以分割。必须经过现场勘查、拍照，制作笔录确定房屋坐落位置、门牌号、居室结构等基本情况，不能依当事人的表述进行调解。并且要结合实际使用情况，考虑厕所、门道、大门、用水、用电等使用问题，予以处理。鉴于农村房屋中的厢房的建造一般没有经过批准，且重置价格较低，对正房、厢房应平均分配。此外，不宜在协议书中确定"垒墙、开门"等事项，避免引发后续纠纷。

8. 宅基地上房屋拆迁补偿中优惠购房权的折算

农村拆迁补偿中按所涉人口数（夫妻双方均作为安置人口）取得的优惠购房权系基于特定身份获得的优惠安置利益。优惠购房的性质为具有财产利益的权利，而非所对应房屋的物权。夫妻一方仅以其享有优惠购房权为由，要求分割房屋权属的不应支持。离婚时优惠购房权价值折算可考虑优惠取得的房产性质、能否上市交易、能否取得产权等因素，在不高于市场价格与优惠价格的差价范围之内予以确定。

9. 对小产权房的处理

对于已被有权机关认定为违法建筑的小产权房，不予处理；但违法建筑已经行政程序合法化的，可以对其所有权归属做出处理。

对于虽未经行政机关批准建设，但长期存在且未受到行政处罚的房屋，可以对其使用权做出处理。在处理时，应向当事人释明调解书中双方当事人达成的对房屋使用权的归属不能作为对抗行政处罚的依据，不能作为产权归属证明或拆迁依据，并明确调解书不代表对小产权房合法性的认定。

10. 公有住房承租权的处理

夫妻共同居住的公房，离婚后均可承租的情形一般包括：婚前由一方承租的公房，婚姻关系存续五年以上的；婚前一方承租的本单位房屋，离婚时双方均为本单位职工的；一方婚前借款投资建房取得的公房承租权，婚后夫妻共同偿还借款的；婚后一方或双方申请取得公房承租权的；婚前一方承租的公房，婚后因该承租房拆迁而取得房屋承租权的；夫妻双方单位投资联建或联合购置的共有房屋的；一方将其承租的本单位的房屋，交回本单位或交给另一方单位后，另一方单位另给调换房屋的；其他应当认定为夫妻双方均可承租的情形。

双方均可承租的公房应考虑方便照顾子女一方、生活困难一方等实际情况。所承租公房属于直管公房的，可在调解中明确承租权以及承租关系的变更。属于自管公房的，夫妻只有一方在产权单位工作，一般应把承租权确定在产权单位工作的人的名下，另一方获得补偿；但经产权单位同意的，可以确定由另一方承租或共同承租。对于夫妻双方均可承租公房而由一方承租的，承租方对另一方可给予适当的经济补偿。

离婚时，无权承租公房一方在解决住房上确有困难的，可以调解允许其暂时居住，但暂住期限不宜过长。暂住期间，暂住方应交纳与房屋租金等额的使用费及其他必要的费用。或者由承租公房一方给予一次性经济帮助。

11. 政策性保障住房

经济适用房、两限房均为政策性保障住房，该类房屋的分割处理，应注意要符合相关法规、政策的规定。销售期内的经济适用房、两限房在离婚纠纷中可以酌情予以分割。经济适用房、两限房由一方在婚前申请，以个人财产支付房屋价款，婚后取得房产证的，应认定为一方个人财产。婚后以夫妻名义申请，以夫妻共同财产支付房屋价款，离婚后取得房产证的，应认定为夫妻共同财产。

12. 成本价购买公房的处理

婚姻关系存续期间用夫妻共同财产以成本价购买的登记在一方名下的公有住房应认定为夫妻共同财产。在离婚纠纷中综合考虑房产来源、夫妻双方工龄折扣、是否影响另一方福利分房资格等因素予以公平分割。

13. 标准价购买公房的处理

婚姻关系存续期间以夫妻共同财产出资以标准价购买公有住房而获得的"部分产权"，该"部分产权"应认定为夫妻共同财产。可以在综合考虑房产来源、工龄折算等因素，并征求原产权单位意见确定产权单位权利比例后，予以公平分割。

14. 夫妻共同出资购买以一方父母名义承租的公房是否属于夫妻共同财产

婚姻关系存续期间，双方用夫妻共同财产出资购买以一方父母名义参加房改的房，产权登记在一方父母名下的，不应算作夫妻共同财产，当事人之间另有约定的除外。该购房时的出资，可以作为债权处理。

15. 约定服务条件的房产处理

夫妻一方在婚后通过与用人单位约定服务条件取得的房产为夫妻共同财产，但离婚时服务条件尚未实现的一般应确认归约定服务条件一方。

16. 尚未取得所有权的房产处理

对于离婚时双方尚未取得所有权或尚未取得完全所有权的房屋协商不成的，可根据实际情况就房屋使用权予以确认。当事人取得完全所有权后，有争议的，可另行向法院提起诉讼。

17. 一方擅自处分共有房屋的处理

《最高人民法院关于适用〈中华人民共和国民法典〉婚姻家庭编的解释（一）》第二十八条规定，一方未经另一方同意出售夫妻共有的房屋，第三人善意购买、支付合理对价并办理产权登记手续，另一方主张追回该房屋的，人民法院不予支持。夫妻一方擅自处分共有的房屋造成另一方损失，离婚时另一方请求赔偿损失的，人民法院应予支持。上述规定中所指的造成另一方的经济损失，即房屋无法追回，或虽经追回仍造成其他损失，仅限于经济损失。

18. 夫妻将双方购买的房屋登记在子女名下，离婚时的处理

首先应判断夫妻双方真实意思表示是否为赠与。如果无法查清夫妻双方真实意思表示，则按产权证的记载认定房屋权属。

五、债权债务处理要点解读

1. 夫妻关系存续期间债权的认定

认定夫妻共同债权应以债权的形成时间为标准，即债权的形成时间在婚前的，则该债权属于一方婚前个人债权，无论该债权的实现是在婚前还是婚后。

婚姻关系存续期间，夫妻一方以其个人财产出借的，应为其个人债权。

夫妻一方或双方以夫妻共同财产出借的，应认定为夫妻共同债权。《最高人民法院关于适用〈中华人民共和国民法典〉婚姻家庭编的解释（一）》对夫妻共同财产也有相关规定，根据其第八十二条，夫妻之间订立借款协议，以夫妻共同财产出借给一方从事个人经营活动或用于其他个人事务的，应视为双方约定处分夫妻共同财产的行为，离婚时可按照借款协议的约定处理。

2. 关于个人债务以及夫妻共同债务的区分及处理

《民法典》第一千零六十四条规定，夫妻双方共同签名或者夫妻一方事后追认等共同意思表示所负的债务，应当认定为夫妻共同债务。夫妻一方在婚姻关系存续期间以个人名义为家庭日常生活需要所负的债务，属于夫妻共同债务。夫妻一方在婚姻关系存续期间以个人名义超出家庭日常生活需要所负的债务，不属于夫妻共同债务，但债权人能够证明该债务用于夫妻共同生活、共同生产经营或者基于夫妻双方共同意思表示的除外。根据第一千零六十五条第三款，夫妻对婚姻关系存续期间所得的财产约定归各自所有的，夫或者妻一方对外所负的债务，第三人知道该约定的，以夫或者妻一方的个人财产清偿。根据《最高人民法院关于适用〈中华人民共和国民法典〉婚姻家庭编的解释（一）》第三十四条，夫妻一方与第三人串通，虚构债务，第三人主张该债务为夫妻共同债务的，人民法院不予支持。夫妻一方在从事赌博、吸毒等违法犯罪活动中所负债务，第三人主张该债务为夫妻共同债务的，人民法院不予支持。

为依法平等保护各方当事人合法权益，《民法典》及其司法解释做出了如上规定。故首先应从夫妻二人的对外关系入手，认定是否属于夫妻一方的个人债务。明确为夫妻一方个人债务的应由其个人偿还。属于夫妻共同债务的，在离婚纠纷中可以针对债务的用途及性质确定债务的分配方式。

3. 个人债务认定及主要类型

根据《民法典》所确立的意思自治以及婚姻家庭编规定的夫妻地位平等原则，男女结婚后不能否定夫妻双方的独立人格和独立民事主体地位，即使婚后夫妻财产共有，一方所负债务特别是超出了家庭日常生活需要所负的大额债务，也应当与另一方取得一致意见，或者用于夫妻共同生活，否则不能认定为夫妻共同债务。对于以下四种情形，可根据具体案情确定为个人债务：①夫妻一方婚前所负的债务，并未用于婚后共同生活的；②夫妻双方主观上不具有举债的合意且客观上不分享该债务所带来的利益的；③债务形成时，债权人无理由相信该债务是债务人夫妻共同意思表示或为债务人的家庭共同利益而成立的；④夫妻一方对外担保之债。明确系夫妻一方个人债务，夫妻双方均无异议的，因涉及债权人的利益，不应在离婚纠纷调解过程中确定，可由当事人与债权人另行解决。

4. 因侵权产生债务如何认定是否属于夫妻共同债务

夫妻关系存续期间形成的侵权之债是否属于夫妻共同债务应区别对待。

如果在使家庭受益的家庭劳动、经营活动等行为过程中，造成了对他人的侵权，则该侵权之债可视为夫妻共同债务，如从事道路交通运输作业过程中，发生交通事故造成的侵权之债。如果侵权之债的形成纯属个人行为，该行为与家庭生活无关，则应认定为其个人债务，如与人打架斗殴或者其他犯罪行为造成的侵权之债。

5. 夫妻共同债务的分配方式

在夫妻二人内部关系中，离婚纠纷涉及夫妻双方对夫妻共同债务的分配时，应适用《民法典》第一千零八十九条的规定，无论夫妻双方谁做原告，都由借款方承担举证责任，证明该借款系基于夫妻的合意或用于家庭共同生产或生活，如果证据不足，则由其个人偿还。一般认为，夫妻共同债务中系夫妻一方或双方为家庭共同生活所借的债务应由夫妻共同承担。主要的类型有：①为履行抚养、赡养义务所负的债务；②为夫妻一方或双方为工作、生活所支付的医疗费、教育费等费用所负的债务；③因正常的社会交际、交往活动所负的债务；④收益归家庭使用的，用于生产、经营活动所负的债务；⑤夫妻共同约定为夫妻共同债务的；⑥一方婚前所负债务，但有证据证明是用于婚后家庭共同生活的。若夫妻有共同举债的合意，则不论该债务所带来的利益是否为夫妻所共享，均由夫妻共同承担。

应由夫妻一方自行偿还的主要类型有：①夫妻一方个人继承所得的财产不属于夫妻共同财产的，在其所继承财产范围内应负担的债务应系其个人债务；②夫妻一方未经对方同意擅自资助没有扶养义务的人所负的债务；③夫妻双方依法约定由个人负担的债务；④夫妻一方借债用于赌博、吸毒等违法活动的应为其个人债务，但债权人知道债务人借债用于违法活动的，该债权不予保护；⑤其他依法应由个人负担的债务。《最高人民法院关于适用〈中华人民共和国民法典〉婚姻家庭编的解释（一）》第三十五条规定：当事人的离婚协议或者人民法院生效判决、裁定、调解书已经对夫妻财产分割问题做出处理的，债权人仍有权就夫妻共同债务向男女双方主张权利；一方就夫妻共同债务承担清偿责任后，主张由另一方按照离婚协议或者人民法院的法律文书承担相应债务的，人民法院应予支持。依上述法律规定，确定为夫妻共同债务的，无论离婚时如何分配，债权人均有向双方主张的权利。

6. 对于生效判决书中所确定债务是否属于夫妻共同债务的把握

婚姻关系存续期间，一方所欠债务的生效法律文书中对该债务属于夫妻共同债务还是个人债务的性质有明确认定的，依据该生效法律文书确定。没有明确认定的，不能直接认定该债务为夫妻共同债务。

7. 离婚纠纷中，对于债务真实性的把握

对于一方主张明显超出夫妻之间家庭生活开支、经济负担能力以及用途不明的债务，或夫妻一方向其亲属所借的大额债务要求夫妻共同偿还的，应谨慎把握。夫妻双方对此争议较大，无法达成调解意见的，可建议当事人另案解决，由债权人主张，由法院对该债权进行确认。

8. 对于双方认可的夫妻共同债务的处理

夫妻共同债务的分配应与夫妻共同债权的分配、夫妻共同财产的分割相对应。一方向其亲属的举债，数额不大的一般分配由其偿还。

9. 彩礼问题的认定与处理

彩礼一般指依据当地习俗，一方及其家庭给付另一方及其家庭的与缔结婚姻密切相关的大额财产。《最高人民法院关于适用〈中华人民共和国民法典〉婚姻家庭编的解释（一）》第五条规定，当事人请求返还按照习俗给付的彩礼的，如果查明属于以下情形之一的，人民法院应当予以支持：①双方未办理结婚登记手续的；②双方办理结婚登记手续但确未共同生活的；③婚前给付并导致给付人生活困难的。适用前款第二项、第三项的规定，应当以双方离婚为条件。

彩礼的返还应考虑双方共同生活中的实际消耗，为筹办婚事所支出的花费等因素。

10. 擅自将夫妻共同财产赠与第三人的处理

婚姻关系存续期间，夫妻一方未经另一方许可将共同财产赠与第三人的，另一方可主张确认该赠与行为无效。因此在离婚纠纷案件调解过程中，若第三人同意返还的，可由第三人返还。第三人不同意返回的另案解决。

11. 离婚纠纷中涉及案外人利益的处理

处理离婚纠纷案件过程中，夫妻一方申请追加案外人作为第三人参加诉讼或者案外人以夫妻间的财产争议涉及其利益为由申请参加诉讼的，应由负责多元调解的法官处理。对于夫妻间财产争议涉及案外人利益的，可另行解决。

继承纠纷与抚养赡养纠纷调解法律要点

北京联合大学 李　凌　　中国政法大学 汤　旭

继承纠纷是家事矛盾纠纷中较为常见的一种。《民法典》实施之后，其继承编替代了原来的《中华人民共和国继承法》，部分处理规则发生了变化。本文旨在从最新的法律规范的视角为继承纠纷和抚养赡养纠纷提供解决思路和办法。

一、继承纠纷调解法律要点

1. 死亡认定要点解读

办理继承案件首先要查明被继承人死亡的事实。继承从被继承人死亡时开始。这意味着只有被继承人死亡，继承才能开始。如果被继承人下落不明或者被继承人死亡并不是确定的事实，那么继承纠纷是不可能发生的。这里的"死亡"，既包括生理死亡，也包括宣告死亡。生理死亡以死亡证明记载的时间或者户籍登记记载的时间为准；被宣告死亡的，人民法院宣告死亡的判决做出之日视为其死亡的日期，因意外事件下落不明宣告死亡的，意外事件发生之日视为其死亡的日期。

互有继承关系的多人在同一事件中死亡的时间推定，基本顺序如下：①推定没有继承人的人先死（除了事故中死亡的继承人之外）；②辈分不同，推定长辈先死亡；③几个死亡人辈分相同，推定同时死亡，彼此不发生继承，由他们各自的继承人分别继承。

明确这一点，就要求在调解工作中，首先要询问案件当事人被继承人死亡的时间、地点，并要求当事人提供证明被继承人死亡及死亡时间的相关证据，如有关部门出具的死亡证明、宣告死亡的判决书等。如当事人未能提供上述证据，且通过其他途径亦无法查明被继承人死亡的事实，则无处理继承纠纷的事实基础。

2. 财产认定与债务清偿要点解读

继承开始后，要根据当事人提出的诉讼请求查明被继承人是否有可供继承的遗产以及有多少可供继承的遗产。因此，继承开始后，被继承人应当有可供继承的遗产存在，这是继承的前提。

总体上说，被继承人死亡时遗留的个人合法财产都是遗产。它具体包括如下内容：①公民的收入；②公民的房屋、储蓄和生活用品；③公民的林木、牲畜和家禽；④公民的文物、图书资料；⑤法律允许的公民所有的生产资料；⑥公民的著作权、专利权中的财产权利；⑦公民的其他合法财产。随着社会生活的发展和时代的进步，公民个人的财产类型不断增加，公民遗产中的"公民的其他合法财产"内容也不断丰富，股票、基金、债券、保险、承包收益、债权等都成为公民遗产的一部分，遗产分割的难度和复杂程度与日俱增。在这样的背景下，查明遗产的范围就显得更为重要。

查明遗产的范围应当从合法性角度着手，对由相关登记机关进行登记的财物或者财产权利要求当事人提供具有合法性的证明材料，如股权登记机构的证明材料、保单等。对文物等无法提供合法性证明材料的，要着重向全部继承人进行核实，确定其是否属于遗产，并告知当事人如将第三人的财产作为遗产进行继承，损害第三人利益，需要承担损害赔偿责任。

必须注意的是，如果在夫或妻一方死亡的情况下进行继承的话，因为夫妻在婚姻关系存续期间所得的共同所有的财产，除有约定的以外，应为夫妻共同财产，因而应当先将共同所有的财产的一半分出为配偶所有，其余的为被继承人的遗产。如果遗产包含在家庭共有财产之中，应当先通过析产诉讼将家庭共有财产中其他继承人的财产份额予以明确。

此外，如果查明可供继承的遗产中涉及继承人之外的共有人利益，应当告知当事人另行提起共有分割物之诉，待遗产从共有物中析出后，再提起继承纠纷之诉，分割遗产。

3. 继承方式要点解读

确定可供继承的遗产后，要查明采用何种方式对遗产进行继承。法定继承、遗嘱继承、遗赠、遗赠扶养协议，是法律规定的遗产继承方式和依据。

对于不同继承方式，《民法典》继承编明确规定了适用的顺序，下面依适用顺序进行说明。

首先，遗赠扶养协议优先适用，如没有遗赠扶养协议，则适用遗赠或者遗嘱继承。遗赠扶养协议之所以有优先适用的权力，是因为遗赠扶养协议中的扶养人对被扶养人没有法定的扶养义务，其依约对被扶养人尽了生前照顾和死后安葬的义务，继承遗产是基于以上义务的履行获得的权利，故其与法定继承人、遗嘱继承人、受遗赠人相比，更值得保护，故遗赠扶养协议优先适用。

其次，如果没有遗赠扶养协议则可以适用遗嘱继承或者按遗赠办理。遗嘱继承、遗赠是公民依法处分其合法财产的行为，赋予其优先适用的效力体现了《继承法》对于公民意志的尊重，是对民法意思自治原则的贯彻。

最后，法定继承只有在没有其他意定继承依据存在的情形下才能适用。

一般情况下，继承人起诉到人民法院或者到人民调解组织申请调解都会对适用何种方式继承提出请求。因此，需要重点审查的应当是继承人提供的关于继承方式的相关证据材料的效力问题。

在实践中，较为复杂的情况是，被继承人的遗产较多，除遗嘱继承、遗赠处分的财产之外还有其他可供继承的遗产。在这种情况下，就出现了意定继承与法定继承并用的问题。处理这一问题的关键是分清不同的继承方式适用的遗产范围和继承人，然后分别进行处理。即，首先要明确哪些财产属于被继承人应当被继承的遗产，哪些是适格的继承人，然后对被继承人通过遗嘱等形式处分的遗产按照被继承人的处分继承遗产，对被继承人未处分的遗产，则应当按照法定继承的原则予以处理。

4. 遗赠扶养协议要点解读

遗赠扶养协议是由公民与扶养人签订的。扶养人承担该公民生养死葬的义务，享有受遗赠的权利。公民可以与集体所有制组织签订遗赠扶养协议。按照协议，集体所有制组织承担该公民生养死葬的义务，享有受遗赠的权利。

遗赠扶养协议就其本质而言是一种有偿的双务合同，扶养人承担遗赠人生养死葬的义务并享有遗赠的权利，遗赠人享有被扶养权利的同时负有将遗产赠给扶养人的义务。而法定继承人和遗嘱继承人或者受遗赠人取得遗产是无偿的，所以在遗产分配上，遗赠扶养协议具有优先于法定继承和遗嘱继承的效力。遗赠扶养协议一经签订，双方应当遵守协议的各项约定。扶养人应当按照约定履行扶养义务，具体的扶养标准有约定的按协议约定确定，协议未约定的，应当不低于当地的最低生活水平。鉴于遗赠扶养协议的特殊性，扶养人的扶养义务应是继续性的，不得在被扶养人死亡前中断履行扶养义务。除扶养义务外，扶养人还应按照协议的约定完成被扶养人的丧葬事宜。

综上，由于遗赠扶养协议是公民生前签订的，且扶养人在公民生前履行了扶养义务，在公民去世后履行了安葬的义务，因此核实遗赠扶养协议的效力后可以要求继承人提供履行遗赠扶养协议的相关书证，包括医药费、护理费、生活费、救援费等票据，也可以要求继承人出具被继承人生前所在基层自治组织或者相关部门出具的关于遗赠扶养协议履行情况的证明材料，如有必要，可以到基层自治组织或者相关部门了解遗赠扶养协议的真实性和履行情况。必要时，报请法官核实上述情况。

审判实践中，如果扶养义务人虽然尽了生养死葬义务，但在履行协议的过程中实施了导致被扶养人死亡的行为，应当参照继承权丧失的规定，剥夺其接受遗产的权利。另外，遗赠扶养协议在本质上属于财产性质的合同，而非身份合同。所以，在法律适用上，如果《民法典》继承编中没有规定，应当适用合同编的相关规定。

需要注意，遗赠扶养协议订立后，遗赠人与其子女，扶养人与其父母之间的权利义务关系并不因此而解除。父母与子女是最近的直系血亲，他们之间具有法定的权利义务关系，一般可以因一方死亡而自然消失，或因收养关系的成立而解除。遗赠扶养协议并不具有收养关系的法律效力。扶养人虽与遗赠人订立遗赠扶养协议，但其对自己未离世的父母，仍负有赡养的义务，享有互相继承遗产的权利。遗赠人如果尚有子女，虽然其子女可能不具备赡养的能力，但其子女对遗赠人的赡养义务不因遗赠扶养协议的签订而免除，同时，其子女对遗赠扶养协议中遗赠人指定财产以外的财产也仍享有继承权。

5. 继承人范围与继承顺序要点解读

如果经过审查，意定继承的方式都不存在，那么就应当按照法定继承来继承遗产。按照法定继承来继承遗产，首先要做的是确定继承人。

依照《民法典》继承编的规定，法定继承人包括以下人员：配偶、子女、父母；兄弟姐妹、祖父母、外祖父母。但需要注意的是，继承人有第一顺序、第二顺序之别。继承开始后，由第一顺序继承人继承，第二顺序继承人不继承。第一顺序继承人包括：配偶、子女、父母。第二顺序继承人包括：兄弟姐妹、祖父母、外祖父母。另须注意：这里的子女，包括婚生子女、非婚生子女、养子女和有扶养关系的继子女；这里的父母，包括生父母、养父母和有扶养关系的继父母；这里所说的兄弟姐妹，包括同父母的兄弟姐妹、同父异母或者同母异父的兄弟姐妹、养兄弟姐妹和有扶养关系的继兄弟姐妹。审查法定继承人范围时，可以要求继承人提供基层自治组织、被继承人所在单位或者相关部门开具的家庭情况证明。必要时，可提请调解法官调取被继承人档案，以确定继承人范围。

关于继承人的范围，《民法典》还确立了特别规则。一是遗产分割时，应当保留胎儿的继承份额。胎儿娩出时是死体的，保留的份额按照法定继承办理。二是丧偶儿媳对公婆，丧偶女婿对岳父母，尽了主要赡养义务的，作为第一顺序继承人。这样，事实上，第一顺序的继承人中增加了两类继承人：丧偶儿媳、丧偶女婿；胎儿。在确定继承人的范围时应当予以注意，要审查是否存在丧偶儿媳、丧偶女婿，是否存在应保留份额的胎儿，是否存在已经死亡的继承人。如果存在则需要进一步审查是否存在尽了主要赡养义务的丧偶儿媳、丧偶女婿，可以通过向丧偶儿媳、丧偶女婿了解情况来确定。

6. 财产分割要点解读

依照《民法典》继承编确定的规则，同一顺序继承人继承遗产的份额，一般应当均等。这是继承编关于继承份额的原则性规定，在司法实践当中一般也是按照份额均等来处理的。但是有几种特殊情况是需要注意的：一是应当予以照顾的继承人，对生活有特殊困难的缺乏劳动能力的继承人，分配遗产时，应当予以照顾。二是可以多分的人，对被继承人尽了主要扶养义务或者与被继承人共同生活的继承人，分配遗产时，可以多分。三是应当不分或者少分的人，有扶养能力和有扶养条件的继承人，不尽扶养义务的，分配遗产时，应当不分或者少分。当然，如果继承人对于遗产的分配可以协商，只要继承人协商同意的，也可以按照协商达成的方案来分配遗产。

在遗产分割中也要注意，遗产分割应当有利于生产和生活需要，不损害遗产的效用。不宜分割的遗产，可以采取折价、适当补偿或者共有等方法处理。

具体来说，分割的方式主要有以下几种：实物分割、变价分割、折价补偿、共同共有或者按份共有分割。

在确定遗产分配的过程当中，要注意与执行环节的衔接。调解方案中确定的遗产分配方案应当是便于执行的。如果对遗产分配方案是否具备可执行性存有疑问，可报请法官对案件调解进行指导。

二、抚养与赡养纠纷调解法律要点

1. 抚养的要点解读

（1）抚养费纠纷审查要点。

父母的抚养义务不因父母婚姻关系的解除而受到影响。父母对子女有抚养教育的义务，此为父母的法定义务，不因夫妻关系的解除而受到影响，离婚后不直接抚养子女的父或者母一方仍负有抚养义务。父母不履行抚养义务时，未成年或不能独立生活的子女，有要求父母付给抚养费的权利。

（2）抚养费的主要内容。

抚养费主要用于未成年子女的教育、医疗、生活，一般而言，是可以满足未成年子女成长需要的。但是随着社会的发展和人民生活水平的提升，出现了一些享受型、奢侈型的消费方式和服务。为未成年子女的健康成长而购买享受型、奢侈型的服务或者商品，比如上贵族学校、报补习班等时，都要与不直接抚养子女的一方进行协商，不能擅自做主，以免增加不直接抚养子女一方的负担。

（3）子女抚养费数额的确定。

关于子女抚养费的数额，应当根据子女的实际需要、父母双方的负担能力和当地的实际生活水平来确定。一般而言，有固定收入的，抚养费一般可按其月总收入的20%—30%的比例给付。负担两个以上子女抚养费的，比例可适当提高，但一般不得超过月总收入的50%。无固定收入的，抚养费的数额可依据当年总收入或同行业平均收入，参照上述比例确定。如果有特殊情况的，可适当提高或降低上述比例。

审查时应当向父母双方询问子女抚养的情况，并要求其提供相关证据材料，如双方的收入证明、证明抚养子女的实际支出等证据材料（如医疗费票据、教育费票据等）。

但要注意的一个问题是，现在高收入人群数量不断增加，如果不直接抚养子女一方的工资过高，那么在确定抚养费的时候，要注意子女的实际需要和不直接抚养子女一方的意见，避免出现抚养费数额超过实际需要的调解协议。

（4）抚养费的增加或减少的标准。

《民法典》第一千零八十五条第二款规定，关于子女生活费和教育费的协议或判决，不妨碍子女在必要时向父母任何一方提出超过协议或判决原定数额的合理要求。当原定抚养费数额不足以维持当地实际生活水平或因子女患病、上学，实际需要已超过原定数额的或有其他正当理由应当增加抚养费时，子女要求增加抚养费的应当支持。

超出原定抚养费数额要求增加给付抚养费的，可以要求增加月均抚养费。

2. 赡养的要点解读

（1）赡养老人是成年子女的法定义务。

子女对父母有赡养扶助的义务，子女不履行赡养义务时，无劳动能力或生活困难的父母，有要求子女付给赡养费的权利。此外，有负担能力的孙子女、外孙子女，对于子女已经死亡或子女无力赡养的祖父母、外祖父母，有赡养的义务。

（2）赡养人的主要义务。

赡养人应当履行对老人经济上供养、生活上照料和精神上慰藉的义务，照顾老人的特殊需要。赡养人对患病的老人应当提供医疗费用和护理。赡养人应当妥善安排老人的住房，不得强迫老人迁居条件低劣的房屋。老人自有的或者承租的住房，子女或者其他亲属不得侵占，不得擅自改变产权关系或者租赁关系。老人自有的住房，赡养人有维修的义务。赡养人有义务耕种老人承包的田地，照管老人的林木和牲畜等，收益归老人所有。

（3）赡养人不得以放弃继承为由拒不履行赡养义务。

赡养人不得以放弃继承或者其他财产权利为由，拒绝履行赡养义务。是否继承被赡养人的财产与履行赡养义务并没有法律上的必然关联。赡养作为法定义务，不可以用约定排除，当然，更不能任由一方当事人通过单方行为排除被赡养人要求赡养的权利。

（4）被赡养人可以起诉部分赡养义务人，也可以起诉全部赡养义务人。

赡养案件与继承案件的不同之处在于，赡养案件并不要求所有负有赡养义务的都参与本案诉讼。如果有部分赡养人尽了赡养义务，那么被赡养人仅起诉未履行赡养义务的义务人是可以的。但在调解案件的过程中，要注意查明子女的人数。因为在最终确定义务分担时，要根据子女人数来确定各自应当承担的赡养义务份额。一般情况下，赡养人应当平均承担赡养义务，但如果存在无赡养能力的或者赡养能力差的赡养人，可以适当减少其承担的赡养义务。

（5）赡养老人的形式。

关于赡养义务的履行，一般情况下，以金钱给付为主。这也是实践中采用较多的赡养方式。在使用这种方式时，可以多征求赡养人的意见，由赡养人自己确定承担赡养费的数额，这样的方式也比较有利于执行。还有一种方式是轮流赡养，轮流赡养老人可以给予老人生活上的供养、精神上的慰藉，对老人来说是比较好的。采用这种赡养方式，要明确子女间赡养起始时间、如何接送等问题。一般而言，出现了赡养问题多是子女间存在矛盾，这些细节问题如果处理不好，可能会影响赡养义务的履行。关于赡养的方式，如果义务人提出其他方式且经老人同意的，也可以使用。

（6）赡养人的赡养义务不因老年人的婚姻关系变化而消除。

赡养人的赡养义务是法定义务，与老年人的婚姻关系变化没有任何关系。在实践中，个别赡养人因为被赡养人的婚姻关系发生变化，因而拒不履行赡养义务，这是没有法律依据的。

（7）赡养费给付标准的确定。

赡养费的标准应当结合以下因素确定：当地的经济水平、被赡养人的实际需求、赡养人的经济能力。

调解此类案件时，重点要从确定赡养义务人、确定赡养费给付标准、查明赡养人的经济负担能力、查明被赡养人的实际收入情况、查清被赡养人的实际生活需要几个方面入手。可以要求当事人提交被赡养人的收入证明、医疗费票据，赡养人的收入证明、家庭成员情况证明等材料。

探索"九顶艾"矛盾调解模式　构建新村和谐"第一道防线"

聊城市东阿县铜城街道办事处　葛东林

铜城街道依托东阿县"1＋4＋4＋N"黄河流域生态保护和高质量发展政法保障体系,聚力打造东阿县黄河流域特色调解项目,在艾山新村创新成立"九顶艾"矛盾调解工作室,进一步完善矛盾纠纷多元预防调处化解综合机制,按照"1＋5＋X"矛盾纠纷调处"枫桥经验"东阿模式,建立一支矛盾调解队伍、规范一项运行机制、创新一套工作方法,实现"小事不出网格,大事不出新村,矛盾不上交",在全市范围内率先探索形成新村矛盾化解模式。山东省委依法治省办,聊城市委政研室、市司法局等各级机关、单位前来调研,并给予肯定,其经验做法被刊登在《聊城日报》头版头条上。

"九顶艾"矛盾调解工作室名称的三层含义对应"三个一"的矛盾调解模式:第一层,九顶莲花艾是艾山新村特有的艾草品种,可以舒缓身心,寓意着整合艾山本土多元力量,建立一支矛调队伍;

第二层，"九顶"谐音"九鼎"，寓意着实现"一站式矛盾化解，一扇门为民解忧"；第三层，"艾"为"爱"的谐音，寓意着用真爱化解百姓愁心事。

一、一支矛调队伍，架起和谐"连心桥"

"九顶艾"矛盾调解工作室以"联动"为线，壮大调解力量，整合新村干部、老党员、网格员、乡贤、法律顾问、司法所工作人员、巾帼红志愿者等多元力量，成立矛盾调解队伍，与铜城街道"金牌调解员"结合，依托"3＋N"组团式法律服务、网格化化解矛盾纠纷工作模式，倒逼新村内部矛调站点自转、全域调解力量整合，开展源头预防、纠纷化解、维护稳定等工作，全力维护艾山新村和谐稳定。同时，矛盾调解队伍参与艾山新村周一工作例会，推动矛盾纠纷定期综合研判、及时协调联动。

二、一项运行机制，解开群众"千千结"

"九顶艾"矛盾调解工作室以"专业"为基，规范"日常排查—信息登记—事件分类—综合研判—联动调处—评价反馈"的运行机制，调解员因案施策，推动矛盾纠纷"一站式接待、一揽子调处、全链条解决"，高效开展调处工作。同时，推行"扫码咨询'掌上办'化解纠纷'零距离'"，来访群众"一扫即知"矛盾调解工作队伍人员构成、擅长领域、联系方式，并"一扫即办"，进一步畅通线上线下民意诉求渠道，缩短矛盾纠纷化解周期，把"九顶艾"矛盾调解工作室打造成为艾山新村矛盾"终点站"，努力把矛盾纠纷牢牢吸附在基层，让平安获得感深植群众心中。

三、一套工作方法，打好稳定"组合拳"

"九顶艾"矛盾调解工作室遵循"沟通靠情、办事靠理、调解讲法"的工作思路，采取"事前做功课、进门看阵势、耐心听诉说、沟通耐心记、冲突找真相、劝导求突破、普法探路子、真情暖人心、法治齐敲打、依法做化解"的矛盾调解"十法"，化解百姓愁心事。对于网格内排查出的复杂重大矛盾纠纷，采取联合调处的便捷服务，打造"访、询、调、援、疏、育"的一站式服务，真正做到矛盾不出新村。

铜城街道艾山新村"九顶艾"矛盾调解工作室用老百姓的"法儿"，平老百姓的"事儿"，以创建"平安新村""平安家庭"的点，带动"平安街道"的面，探出了特色平安之路。

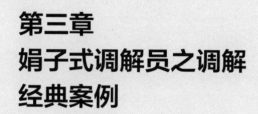

第三章
娟子式调解员之调解
经典案例

离异夫妻起纠纷　娟子调解息纷争

2019 年 1 月，娟子工作室接到枫桥派出所移交过来的一起离异夫妻纠纷案。

枫桥镇某村的一对离异夫妻，女方是外地人，离异后由于在本地没有房子就在镇上租房住，后来她越想越委屈，就三番五次去找前夫，让前夫把所住房子楼上的房间腾出来让她住。前夫说他刚想谈一个女友，怎么可以让自己前妻住楼上！就这样，女方把门砸了，并且扬言如果不让她住，她就烧了这房子。

要知道，农村的木结构房子是和左邻右舍连在一起的，这可把邻居吓坏了。邻居就报警让枫桥派出所来处理。娟子接到接警处民警的电话后，联系上了女方。女方说她马上来娟子工作室说一说这事。听了她的诉求后，娟子建议她同前夫协商，让前夫补贴些租房费用给她，直到他们的小女儿成年。接着，娟子又与她前夫联系。电话里前夫不同意这个方案，扬言让前妻闹去，反正家里这老房子又不值钱。

协商未果，娟子就下村去他家看了现场。来到男方家后，娟子连说这老房子好值钱啊！门口的青石板在枫桥古玩市场就要卖3800元一块，那老屋厅上的牛腿（梁托）值10万元呢！男方一听，说原来这般值钱啊。娟子说最主要的是，如果你不补贴给你前妻点租房钱，她也不会罢休啊，老是吵吵闹闹的怎么能重新过上舒心日子。后来在农历腊月二十五晚上，娟子和村警一起帮他们调处好。他们最终达成一致协议，由男方每年额外补贴女方3000元房租费。

因为农村的房子不是商品房，夫妻离异后房子的分割是件麻烦事。这类案子其实全国各地都有，但由于目前在农村，离婚后的经济帮助制度还不够完善，这类案件调处起来难度很大。

婚姻登记没成功　嫁妆要回找娟子

2018年4月的一天，张大姐和女儿小毛来到娟子工作室。张大姐一进门就说："娟子，是村里让我来找你的，我女儿的事，你可要帮我们维权！尤其是这嫁妆，你一定要帮我们拿回呀！我女儿太委屈啦！"说着张大姐就放声痛哭起来。

原来，小毛和邻村小骆经人介绍谈了三个月恋爱。小毛父母觉得小骆人还可以，虽然家境没有他们好，但他们还是很中意他。这样小骆顺理成章地就住到小毛家去了。考虑到小骆工作需要，小毛父母还把自家的一辆面包车给小骆送快递时用。

半年过去，小毛怀孕了，小毛父母提出双方可以结婚了。农村里有先办酒席，后登记的风俗。于是，男女双方都办了婚宴。女方不仅没有向男方索要一分彩礼钱，还置办了3万元嫁妆送到男方家。此事本该有美满的结果，但接下来发生的事却让小毛和父母焦急万分，气愤至极。

原来办完婚宴后，小毛在小骆家住了几天后又回到娘家住。但自从小毛回娘家后，小骆就不再和她联系，也不再上小毛家。就这样过了两个月，小毛父母急了，就托当初的介绍人去向小骆家了解情况。原来嫁妆送到男方家后，男方在一只皮箱里发现了一本显示女方智力方面有问题的残疾证。这让男方心里很是不舒服，回想平日里两人相处的点滴，越觉得女方智力有问题。考虑到女方已怀孕，害怕到时再遗传给孩子，所以男方望而却步，决定不再和女方联系，毕竟两人也未办理婚姻登记手续。

小毛自小沉默寡言，读书考试常常挂红灯。小毛父母也觉得自家女儿与寻常女孩有异，于是在女儿初中毕业后到民政部门领了本智力残疾证，还享受了残疾人生活补贴。当初小毛和小骆谈恋爱时，也确实隐瞒了这一情况。

在小骆两个月不上门后，小毛父母当机立断让女儿去医院终止了妊娠。小毛父母觉得既然缘分已尽，双方分道扬镳也是可以的，但嫁妆要拿回来。男方不同意，说女方家骗婚致使他家办酒席也花费了好几万元。对此，女方心里很是委屈，办酒席自家也是花了钱的，现在结亲不成，女儿为此终止妊娠，在精神和心理上都有了创伤，所以女方认为嫁妆一定要拿回来。

娟子马上联系了男方，男方表示大家好聚好散，在与女方共同生活期间，自己还买过一枚金戒指给女方，价值 1600 元，而且平时买菜等日常花销也是他在支付。现在这戒指他也不要了，至于嫁妆，男方父母认为自家办酒席花了钱，嫁妆就该作为补偿归男方家。娟子经过分析后认为，这事一定要及时了结，不然容易引发两家上门吵架的恶性事件。娟子马上联系双方所在村的村警，凑两个晚上分别和他们一起上门去男女方家做调解工作。因为农村里晚上村民们都各自在家看电视或早早休息，这时上门去调解，会让当事人觉得安全隐秘点。村警陈招龙是名老调解员了，他对男方父母说，既然这个儿媳不要了，那么就要快刀斩乱麻。娟子还举了个上个月刚调解过的类似案例，努力做男方工作，提出当初女方也是真心想嫁给他的，还为此怀了孕，建议除了将嫁妆还给女方外，再补贴点营养费给女方。大家在同一个镇上生活，以后见面也省得成仇人。男方父母听了娟子和村警陈招龙的话后，觉得通过这个平台了结此事也好。

娟子对女方说，早一天了结此事，早一天开始新生活。女方同意如此调解，并且愿意把之前男方赠送的戒指还给男方。又找了个合适的时间，娟子和两村村警及女方一家上男方家搬回了嫁妆，男方还主动拿出了 800 块钱给女方。双方面对面签了一份案结事了的协议。

家庭和睦万事兴　娟子帮助促和谐

2018 年春天，正值江南茶叶采摘的季节，娟子成功调和了一对分居两年的夫妻。娟子调解成功的当事人孟师傅家里是做汽配生意的。孟师傅儿子厂里生产的汽配产品都和枫桥另外几家企业一样发往越南等"一带一路"沿线国家，生意兴隆。

孟师傅夫妻因家事纠纷分居两年，他们的儿媳已怀了二胎，大孙女在幼儿园上大班，家里还有位年近九旬的老奶奶。考虑到家庭的实际情况，孟师傅需要身体健康的妻子回家照顾，他妻子也想回来但又拉不下面子。后来经过在镇政府打扫卫生的阿姨介绍，她来到娟子工作室寻求帮助。

娟子为了使他们夫妻重归和睦，一家团圆，前后一共做了七次调和工作。

孟师傅妻子第一次来娟子工作室时，她告诉娟子，为了儿子她想尽快回家，但又怕丈夫孟师傅不改旧习。娟子做了她的思想工作后让她先回单位上班。

随后，娟子上门去孟师傅家，拍了几张他们儿媳挺着孕肚干活和孟师傅老母亲干家务煮春笋的照片。娟子也借机做了孟师傅和他儿子、儿媳的工作，希望他们摒弃前嫌，与孟师傅妻子重归于好。

第二天，娟子把在孟师傅家拍来的照片和视频拿给孟师傅妻子看，劝她早日回家一起共建幸福家园。经过娟子来回奔波做工作，双方都打开了心结，最后娟子把孟师傅妻子带回了家，夫妻总算破镜重圆。后来，他们儿媳生了个儿子，孟师傅妻子就在家安心照顾孙子孙女，一家人和乐安康。

到了 2018 年夏末葡萄采摘季节，孟师傅夫妻提着葡萄来感谢娟子；到了鞭笋季节，又拿来鞭笋感谢娟子：所以老百姓是最懂得感恩的。2018 年 10 月份，"枫桥经验" 55 周年拍宣传片，孟师傅夫妇还友情出镜，以案说法宣传 "枫桥经验" 在为百姓排忧解难和社会维稳方面发挥的巨大作用。

2019 年的一天，孟师傅夫妻又来到娟子工作室，说孙子 8 个多月大了，儿子生意又好，家和万事兴真的是对的。后面，每每碰到别的夫妻闹矛盾，娟子总是告诉他们莫急莫怨："娟子工作室慢慢给你们调和，我们有调和好的幸福家庭样板。"

夫妻误会引争吵　娟子调处解纠结

"娟子，你看看，她把我打得鼻梁都歪啦！哎哟……你看看和这种老婆要不要过下去！她昨天还跑来恶人先告状，今天你一定要为我做主！这次我实在是忍无可忍了！"2018年暑假的一个傍晚，一位遭受家暴、情绪激动的男子走进枫桥镇娟子工作室。娟子看到该男子不仅鼻子受伤了，眼睛下面还有乌青。

浙江官方媒体2019年3月公布的数据显示，2018年浙江妻子家暴丈夫的案件数量第一次超过丈夫家暴妻子的。娟子工作室2018年接访的两起家暴案子都是丈夫遭受妻子家暴的。丈夫遭受家暴一样可以向妇联等部门反映，寻求帮助。

见男子怒气冲冲，娟子赶忙说："小张，你先坐下来，喝杯茶。昨天你妻子小红到娟子工作室诉说你们的家事纠纷，今天不忙的话，我想去你家听听你这方面的说法。"小张说，他和小红是安徽老乡，十多年前来枫桥一家纺织企业务工。后来两人在工作中互生爱慕，就在枫桥结婚生子并且买房定居了。2018年开始，小张因工作需要和同事梅子一起被派往广州分公司工作。小张每月会回一趟枫桥的家，工资 80% 上交妻子小红，小红则在家边工作，边照顾两个孩子。

这次回家，妻子小红发现丈夫刚进家门，他的手机微信就响了。小张没来得及跟小红打招呼就立马回复微信。本来就因两个孩子玩闹而心情烦躁的小红见丈夫回家都不看她一眼，气不打一处来，立马夺过丈夫手机，看到刚才丈夫回复给同事梅子的话："我也刚到，明天一同打的到机场。"小红一怒之下就把丈夫的手机给扔了。丈夫一看手机被扔地上，很心痛，马上说小红有毛病。一来二去，小红说今晚不做饭了，让小张和那个梅子去外面吃，自己带两个孩子回安徽老家！丈夫说小红这是无理取闹，他明天和同事一起打的去，还不是为了省钱。妻子说自从丈夫和梅子一起被派往广州后，自己心里就没舒服过。小张听了这话感觉受到了冤枉，马上说工资每月交给她，还想怎样。说完，小张就自顾自回房间去，谁知小红一把抓住丈夫，说今天他不能住家里，两个人就拉扯起来。妻子压抑的情绪一下子爆发出来，她拿起桌上孩子的玩具劈头盖脸地砸向丈夫。

吵完架，妻子跑到娟子工作室，对娟子说，麻烦娟子帮她打电话给丈夫单位的领导让丈夫回枫桥总部上班，再打个电话给梅子让她从此不要和小张联系。娟子说理解她所说的，但听完丈夫的说法后再打这两个电话也不迟。

分析了夫妻俩的说辞后，娟子觉得这起家事纠纷主要是因夫妻半年来缺少交流和沟通造成的。娟子告诉小红，家暴行为是触犯法律的，组建家庭不容易，家里的事项、孩子的学习生活情况及自己的想法都应该及时与丈夫沟通。娟子又跟小张说："你常年在外，妻子既要工作，又要照顾孩子，你要体谅她的不易，所以和异性同事的接触，能避免就尽量避免。"此外，娟子建议小张工作也不要太辛苦，不要为了外地待遇高而忽视家庭，毕竟千辛万苦挣钱也是为了家庭幸福。娟子还与梅子取得了联系，向她说了小张因为与她发微信而导致家庭纠纷的事，梅子说以后她不和小张拼车即可。

2019年新年，娟子回访小张一家。小红说今年丈夫回到枫桥总部工作，自己的负担相对减轻很多。前两天，她还网购了一本娟子的《枫桥经验之人民调解案例故事》，学习遇到矛盾时怎么理性解决。娟子说，墙上的《家和万事兴》十字绣很好。小张说是小红绣的。娟子说每天看看必有收获。

一个巴掌生怨仇　志愿者积极化解

　　在婚姻家庭纠纷调解工作中，志愿者的积极参与对平安家庭创建可以起到以点带面的好作用。娟子工作室除了娟子是专职家事调解员外，其余两位是兼职调解员。在日常的调解工作中，娟子更多是和各方具有特长的志愿者一起调处纠纷。这也是"枫桥经验"依靠和发动群众的理念的体现。在娟子工作室中有位志愿者叫蔡旺慧，她就经常志愿参与调处工作。下面这个就是娟子和蔡旺慧一起调处成功的案例。

　　2018年冬天的一个下午，娟子工作室接到一个热线电话。打电话的是李阿姨，她说昨天和丈夫吵架了，心里很是气愤，真想搬去自己亲生儿子家，一走了之，眼不见心不烦。娟子知道此时李阿姨心里肯定很纠结，她觉得应该尽快帮李阿姨夫妻调处一下，就叫上志愿者蔡旺慧直奔李阿姨家。

　　到李阿姨家时，见李阿姨正在客厅里坐着生闷气，她的丈夫老许则在厨房烤番薯干。看到娟子她们进门，李阿姨马上迎上来，说："真想不到这么冷的天你们还亲自登门，快喝杯热茶。"娟子就让李阿姨说说心里到底有何委屈。

原来李阿姨和现任丈夫老许是半路夫妻。双方婚前都各自有一个儿子。老许的儿子结婚后和他们一起住，因为老许的儿子、媳妇工作都很忙，李阿姨就帮忙照看他们的孩子。小两口和李阿姨相处得很好，对她很孝顺。李阿姨自己的儿子在杭州创办了一家企业，经常要出国谈生意，还未婚，对李阿姨和老许也都很孝顺。

李阿姨说昨天吵架是因为烤番薯干的事。因为下雨，番薯干晒不了，所以李阿姨就用火烤。但老许认为天气预报说后天就晴了，番薯干大可后天再晒，不用浪费炭火来烤。就这样，你一言，我一语，两人就吵了起来。李阿姨脾气有点暴躁，在争吵中失手打了老许的脸一下。老许一急，就将番薯干一下子全部倒在了水缸里。结果，两人打成一片，还惊动了110！

事后，李阿姨想去杭州儿子家，但又放不下老许儿子的孩子，所以李阿姨就打了娟子工作室的电话，想让娟子给老许好好上上思想教育课。娟子和志愿者蔡旺慧分头做了李阿姨夫妇的工作。娟子对李阿姨说："今天老许已默默在烤番薯干了。组建家庭不容易，半路夫妻更加不容易，多想想好的时候。你脾气也要改一下。最起码从这件事中可以看出老许是勤俭持家的。"志愿者对老许说："虽然李阿姨平时脾气有点暴躁，但她一心一意帮你照顾孙子，所以大家都要相互体谅。"

经过调处，李阿姨夫妇重归于好。临别时，夫妻俩还送娟子两人到村口。过了几天，李阿姨还拿了番薯干到娟子工作室表示感谢。娟子说做土特产不容易，就在微信朋友圈帮李阿姨卖番薯干，第二天把卖番薯干所得的100块钱给了李阿姨。

婚姻家庭生活其实就是平凡的日常相处，俗话说牙齿和舌头还会不小心互相产生摩擦。当夫妻产生矛盾时，怎么样解决才能让他们再融入幸福和谐的生活中来？有时第三方介入调和也是一种方法。

未婚先孕麻烦事　寻求帮助尘埃定

2019年春节前，娟子工作室接到枫桥一位村妇联主任打来的热线电话。这位陈主任说，他们村有位杨大妈的女儿未婚先孕，怀孕已经将近7个月了，现在这对年轻人却产生很大的矛盾，并且没有和好的迹象，请娟子帮助调处一下。

接到陈主任的电话后，娟子联系上了这位杨大妈。杨大妈在电话里说："这事真是三两句话说不清楚啊。女儿的事可把我们两口子给愁坏啦。这眼看年后孩子就要出生了，你让我们做父母的能不急吗？"杨大妈电话里语气都透着焦虑和悲伤。娟子挂了电话后，决定叫上志愿者黄剑英一起到杨大妈家去。当两人来到村口时，杨大妈夫妻已经冒着寒风在等着了。四人进了家门，杨大妈就说起了自家女儿的恋爱经历。女儿小方以前有过一次婚姻，但因结婚3年没怀孕，后来就离婚了。去年谈了一个宁波的小伙，叫小周。现在女儿怀孕近7个月，本来定好下周腊月十八结婚的，可最近一个月女儿的对象小周没上门过，连刚过去的元旦都不见他来。女儿也是个个性固执、自尊心很强的人，你不理我，我就不睬你。可这结婚的日子都定了，两家人的别扭可得尽快解决啊。

娟子和志愿者黄剑英觉得这事得和小周尽快沟通，如果双方没有什么不可化解的矛盾，就应该尽早登记结婚，让有情人终成眷属。娟子和志愿者黄剑英回到办公室后，分头用微信和电话联系上了小方、小周及小周爸爸，并了解到如下情况：小周也有过一次婚姻，和前妻育有一女，女儿现已3岁，由前妻抚养。小周认为小方很不信任他。前段时间他将车子送去保养时，发现车里装了窃听器。据他推测这是小方所为。小周爸爸也对女方父母提出的10万元酒席礼金不是很赞同，认为没必要这么铺张，登记结婚后，办两桌酒席宴请双方的主要亲戚即可。小周和小方一个月前就为此事争吵了一个晚上，最后女方离家出走。小周曾经打了3天电话，发了100多条微信给小方，可她就是不回复。小周妈妈也说已经把小方当作自己家人看待，为此，她还备好许多补品期待儿媳妇元旦放假去他们家。但元旦期间，两个年轻人都借口加班，没回来。根据这些信息，娟子经过分析研判，厘清了调解思路：一是了解矛盾双方到底有没有要携手终身的意愿；二是以婚姻家庭咨询师的身份对双方进行婚恋观方面的疏导；三是做好双方家长工作，让他们认识到在新时代移风易俗大背景下，到底是彩礼和酒席重要还是婚姻幸福重要。

经过5天线上线下不间断的调和，杨大妈一家和小周一家终于在枫桥假日餐厅会面，并当着调解员的面达成以下意向：小周、小方尽快登记结婚；在宁波的酒店一起办几桌酒席宴请两家亲戚；小周父母把老房子过户到小周夫妻名下。因为家事调解的特殊性，本案不制作调解协议。

2019年，春暖花开的3月，杨大妈托村妇联陈主任给娟子带来了一份她女儿的喜礼。娟子打开一看，里面是一张婴儿的照片。娟子把这张照片放进了娟子工作室的档案里。

七年恋爱生纠纷　调解帮忙来了结

2020 年 8 月 8 日晚上 9 点，经过 4 个多小时的调解，双方当事人终于达成了一致意见，重新开始各自新的生活。

这起纠纷的调解工作从 7 月 23 日开始。那天清丰县某单位领导找到娟子，说单位的一名员工小方和女朋友小金发生了纠纷，希望娟子工作室帮忙调解。

一日，小方单位的领导陪着小金来到娟子工作室。娟子耐心倾听小金诉说事情经过：原来，小金和小方恋爱已有 7 年。今年年初小方突然提出分手，小金不想结束 7 年的恋情，于是几次向单位请假从上海回到清丰县找小方，奈何小方都避而不见。这一次，两人好不容易见上面了，但没说几句就吵了起来，还发生了肢体小冲突。小金报警后，民警还出警劝和了他们俩一番。这次，小金又找到小方领导，想让领导出面解决他们的情感纠葛。

听完小金的诉说后，娟子帮小金分析了一下她和小方的感情现状：她和小方之间的恋爱关系应该不会再有结果，因为小方已提出分手，今年两人为此又几次发生争执。这样的关系再发展下去，对双方都没有好处。双方私下见面或许还会发生不良后果。娟子又问小金这次来的诉求是什么。小金情绪激动地说，一是要小方给她公开赔礼道歉，二是双方都不再找对方家人麻烦。此外，小金说她没有经济方面的诉求。

娟子和小方领导听完小金的诉求后，打算联系小方，让双方坐下来面对面化解纠纷，但小方说他不在县城。小金见小方这个态度，当即提出要起诉小方。娟子就把隔壁法院的小刘法官请来。小刘法官听了小金的诉说后，建议娟子工作室调解即可，因为这事没到起诉的地步。

于是，娟子给了小金一张娟子工作室的名片，让她有事再联系。根据多年调解此类案例的经验，娟子认为小金肯定不会善罢甘休。果然不出所料，小金到上海后就发了大量的信息，还打电话向娟子诉说她和小方的感情纠纷。娟子从法理和情理上对小金做了三次远程语音疏导沟通，劝告她应尽快走出困惑。

8月8日这天，小金和小方单位的领导再次联系娟子工作室，说趁着小金这次从上海回老家，让小金和小方来一个彻底了结，希望通过调委会，双方达成一致。娟子见这次小金的状态比上次来好多了，就和调解员吴大姐以及小方单位的领导，就小金、小方各自诉求，对双方当事人进行了面对面、背靠背调解。最后，小金和小方达成一致协议：（1）小方在调解现场向小金道歉。（2）双方彻底结束恋爱关系，互不干涉对方生活，不找对方父母及对方单位领导。（3）双方从此不在外面互相诋毁对方。

事后，娟子联系了小金，给她做了信息回访。小金回复说：谢谢娟子和调解员及小方单位的领导。她说，自己现在也想通了，打算努力工作成就自己，并开启新的生活。

这是一起典型的恋爱不成、双方产生纠葛的纠纷。如果不及时调处，双方矛盾可能会进一步加剧，这会给当事人及双方家庭带来更多麻烦和痛苦，甚至造成无法预知的后果。调解员为当事人化解矛盾时，一要把当事人的事当作自己的事，多次沟通，用法用情疏导感化当事人；二要利用和动员有助于调解的方法和力量。本案中小方单位的领导参加调解，为调解工作做出了不懈努力。另外，在调解过程中，及时把法官请来现场为当事人释疑解答，有助于加强依法调解权威性，快速成功调解案件。

缘尽分手闹不快　人民调解化纠纷

　　2021年6月，某村孟某来到阳邵镇人民调解委员会，申请调解与邻村杨某的婚约财产纠纷。孟某告诉调解员，他和杨某是自由恋爱，于2018年正月初八订婚，2019年腊月十六日按农村风俗举办婚礼并开始同居生活，但一直未办结婚登记手续。2020年八九月份，二人发生争吵，杨某回了自己父母家居住，后经他人调和，杨某于农历腊月回家。2021年4月，两人再次发生争吵，杨某又回了自己父母家居住，而且说要和他分开，再也不回去了。孟某对调解员说，当时定亲时他给了杨某28800元，花3000元买了一部手机，花了7600元买金器，办婚礼时又送了120000元彩礼。前前后后他已经花费十几万元，但杨某却一直不跟自己好好过日子。现在孟某要求杨某要么回来跟自己好好过，要么就返还彩礼两人分道扬镳。

　　第二天调解员找来另一方当事人杨某了解情况。杨某说她与孟某同居后，有过意外流产，当时孟某也没带她去医院，那次流产导致她现在不孕。而且孟某经常动手打她，总是撵她回娘家，说她不会生育，甚至半夜就把她撵走。前年冬天两人在一次争吵中动起了手，孟某把她按在地上掐住她的脖子，导致她当时失去意识，如果不是她养的狗咬他，她早就被孟某掐死了。孟某平时不常在家，留她和孟某奶奶及孟某未成年的妹妹在家。她不仅每天要做饭、收拾家务、照顾家人，还要接送孟某妹妹上下学。在孟某家，她的身心都备受煎熬，她甚至患上了抑郁症。杨某还说返还孟某彩礼不可能，但一定要和孟某分开。

调解员通过与双方初步的谈话，发现双方的感情已然破裂，他们都毫无继续共同生活下去的意愿。调解员迅速梳理案情，明确调解思路。对于彩礼一事，调解员指出，根据《最高人民法院关于适用〈中华人民共和国民法典〉婚姻家庭编的解释（一）》第五条，以下几种情形人民法院应当予以支持返还彩礼：（1）双方未办理结婚登记手续；（2）双方办理结婚登记手续但确未共同生活；（3）婚前给付并导致给付人生活困难。况且他们未到法定结婚年龄、未办理结婚登记手续，根据他们各自的描述，结婚花去了十几万元，这些钱大部分都是孟某向亲戚朋友借来的。既然两人无法继续共同生活，那就好聚好散，事情早点解决对他们来说也是一种解脱。杨某思虑许久后说孟某家里还有自己的个人财产，自己最多返还2万元彩礼。但孟某不同意，认为家里没有杨某多少个人财产，杨某要返还他5万元彩礼才行。调解一时陷入僵局，但调解员没有气馁，继续开导，指出在这件事情上双方都受到了不同程度的伤害，也不想再继续共同生活，那大家就各退一步把事情解决好，这样对双方都好。

接下来的几天调解员又数次与双方沟通协调，最终双方当事人达成一致意见：（1）杨某自愿放弃在孟某家的个人财产。（2）杨某返还孟某给的彩礼款3万元。（3）双方再无其他纠纷，此后互不纠缠。

此纠纷中，双方当事人感情破裂，不愿继续共同生活下去，且一方当事人疑有暴力倾向，所以调解员在调解时并没有劝和，而是帮助双方维护了各自的利益，使纠纷得到了圆满的解决。

妻子起诉要离婚　诉前调解化恩怨

2021 年 5 月的一天，清丰县联调委接到法院委派的一起婚姻家庭纠纷案件。经了解，女方蒋某与男方戚某于 2007 年 4 月举行婚礼，2009 年 2 月补办结婚证，2007 年 12 月生育男孩戚甲，2010 年 2 月生育女孩戚乙。由于婚前双方了解不够，结婚后因性格不合，两人常为家庭琐事发生争吵，由此形成婚姻家庭纠纷。

接到法院委派后，调解员立即联系双方当事人了解情况。由于蒋某的父亲生病住院需要照顾，蒋某表示两日后到县联调委说明情况。两日后蒋某如约前来，向调解员详细地说起事情的前因后果，说到激动处还不时地流眼泪。"他有钱，就是不给我们花。"蒋某说自己每天上班还要照顾家庭，有一次自己生病了，戚某丝毫不关心她。蒋某认为自己在戚某心中没有任何地位，说到伤心处更是泣不成声。

而这一次导火线是蒋某为了孩子上学，想要在县城买一套学区房，然而遭到戚某的坚决反对。蒋某对戚某哭诉道："平时总说我们乱花钱，现在是为了孩子上学你总不能再推脱吧！你挣钱到底是为了什么？"最后戚某被逼得没办法，勉强交了首付。之后，戚某又借此事逼着蒋某向她娘家借钱。蒋某父母没有积蓄，蒋某借不到钱再次与戚某发生争吵。恰巧蒋某的父亲因病住院，蒋某忍受不了丈夫的冷漠，遂起诉至法院要与其离婚。

之后戚某也来到县联调委。由于蒋某情绪激动，调解员将二人分开，采取背靠背的方式调解。调解员给戚某做思想工作，批评了戚某对家庭不负责任的行为。戚某也认识到事情的严重性，承认了自己的错误并且写下保证书，保证以后好好对待蒋某，遇事多与蒋某商量，同时希望蒋某能再给自己一个机会。但蒋某态度依然坚决。

俗话说"宁拆十座庙，不毁一桩婚"，调解员本着以和为贵的原则劝导戚某以后与妻子和睦相处，遇事多沟通，多关心照顾家庭，不能逼妻子回娘家要钱。戚某听从调解员的开导，次日就带着营养品到蒋某娘家看望蒋某家人，希望蒋某父母劝导蒋某。蒋某父母也不想女儿离婚，看到戚某的表现也想让女儿再给戚某一次机会。

这次蒋某的父亲住院，戚某一连几天无微不至地照顾老人。此举也打动了蒋某，夫妻二人成功签下和好协议，重归于好。协议内容如下：双方当事人自愿和好；戚某与蒋某保证在以后生活中夫妻双方多沟通，遇事多征求对方意见，共同经营好家庭生活；本案中当事人没有其他纠纷。

本案是日常生活中常见的离婚纠纷。调解员在充分了解案情的基础上，及时准确地找出双方的矛盾点，准确判断，考虑双方的诉求，并有针对性地制订调解方案，进行精准调解。与此同时，调解员能够设身处地换位思考，考虑当事人内心的矛盾症结所在，找到矛盾的根源，将矛盾顺利化解。

女子除夕离开家　娟子调解促团圆

大年初一，本是团圆欢聚的日子。但娟子工作室负责人娟子正匆匆收拾行装，放弃与家人团圆，独自驾车11小时，从浙江老家赶回清丰。

原来，一位当事人与丈夫发生纠纷后，一气之下于除夕当天独自离开欢聚一堂的婆家。满腹委屈的当事人打通了娟子工作室的热线电话。娟子在劝导过程中发现当事人情绪激动，非常敏感，便尽力疏导当事人的情绪。因担心当事人打不开心结走极端，考虑再三之后，娟子在大年初一驱车赶回清丰。

到达清丰后，娟子立即约当事人见面调解，并提前准备了热水和红枣粥。当事人感动地说："想不到娟子为我家的事，正月初一赶回清丰。"一番疏导后，娟子看她情绪平复了，又指出了她的不对之处，不该在过节的时候丢下家人跑出来。当事人听后低下了头。娟子又趁热打铁讲了几个家事纠纷案例。当事人思考之后表示想通了，同意回家。娟子见她想通了，自己也放松下来，于是请她一起吃午饭，饭后开车送她回家。

到当事人的家里，娟子了解到他们的家庭关系一直比较和谐，便劝解夫妻二人组建家庭不容易，要好好珍惜家人。娟子见当事人丈夫失业在家，又热心为他介绍了一份工作。当事人全家向娟子致谢，称赞娟子热心肠。至此，这起感情纠纷在娟子的努力下彻底得到化解。

其实，群众日常生活中产生的矛盾纠纷，大都是家长里短、鸡毛蒜皮的小事，但如果不及时调处，很可能会逐步演化发酵，小问题会变成大冲突。本案中，娟子在与当事人面对面沟通后，趁热打铁，快刀斩乱麻，不仅让当事人心服口服，而且显示了娟子一心为民服务的思想境界和高超娴熟的调解技巧。

父子争吵生事端　娟子调解促和谐

2020 年国庆长假后的第一天，娟子工作室来了一位大一新生，他忧心忡忡地向娟子工作室寻求帮助。他说来娟子工作室前，他去了法院，想起诉断绝父子关系。法院听了他的事后，就让他来找娟子工作室调和他与父亲的关系。

娟子说："断绝父子关系的念头现在就打消，先好好诉说下你们父子不和的事，我陪你回家，调和你与父亲的关系。"男孩说国庆节放假前他跟父亲吵架了，当时吵得很激烈，他砸了家里的电视、冰箱和窗玻璃。当他父亲拿起菜刀时，他就骑着车离家出走了。他说这几天父亲和家人的电话，他都不接。

从男孩的倾诉中，娟子得知这么多年来，他父亲一直让他好好读书，他也很努力，为考上好大学还复读了一年。这一年来他身体不太好，身心压力都很大，所以他对父亲只要求他读书但不关心他而产生不满。累积的负面情绪在这次吵架中全部爆发了出来。

娟子听完他两小时左右的诉说后，觉得他们父子存在沟通问题。并且根据男孩诉说的他父亲的性格特点、家庭状况等，娟子认为需要和他的家人一起努力，才能化解他们父子的矛盾。

娟子又联系了男孩的二姐。一接通电话，二姐马上在电话里哭了，她说这几天打了无数个电话，她弟弟都不接，好在她弟弟找到政府部门，工作人员这样热心。她说她马上带上大姐一起赶到娟子工作室。在娟子工作室，娟子倾听了他们三姐弟对家庭生活的介绍和父母对他弟弟的希望后，决定一起去他们家。

到了他们家后，他父亲看到娟子和他儿子，马上流泪了。老人把娟子领进门，娟子说她想听听老人家的心声。老人说他这几天给儿子发了无数条微信，但他儿子把他的电话和微信都拉黑了。接下来老人家当着孩子的面讲了他接送、培养儿子和给儿子看病的所有心路历程。听了之后，男孩态度也改变了很多，他意识到自己以前误解了爸爸。在大家面前，孩子也说了很多往事。最后，娟子对他们说，希望通过这次父子吵架事件和今天面对面的沟通，双方以后能学会好好交流。第二天晚上，男孩和他二姐特意又来到娟子工作室表达感谢。

这对要断绝父子关系的父子，经过调解员热心、及时、真心的调解，终于和好了。调解员除了在办公室节上班接待当事人外，还下村入户到当事人家里倾听当事人双方的心声，真正把工作做到了群众的心窝里。

赡养老人是本分　调解帮忙促和谐

"百善孝为先"，尊重老人、孝敬父母是我们中华民族的传统美德。下面这起纠纷就和"孝"有关。

这天，毛大妈来到大流乡人民调解委员会，要求调委会帮她出个协议书，她要和儿子金某断绝母子关系。毛大妈说自己今年80岁了，老伴去世得早，她独自一人把金某拉扯大。金某是她在40岁时生的，当年毛大妈很是开心，对金某娇生惯养。可是，毛大妈万万没有想到自己万分娇惯的儿子在结婚之后，竟然视她为累赘。金某结婚一个月之后就和毛大妈分了家，分家后他们从未对毛大妈尽过孝心。毛大妈说，有次她摔断了腿还是邻居送她去医院的，住院期间儿子儿媳也没有去医院照顾她。平时因一些生活小事和儿媳闹矛盾时，儿子不仅不劝架反而帮着儿媳一起骂自己。毛大妈说这些她都忍了，为了孙子，她不和儿子儿媳计较。但是现在儿子儿媳变本加厉，不仅不让孙子去她屋里吃饭，甚至不让孙子和她说话。孙子是她一手养大的，现在他们不让孙子和她相处，她心里万分难受。

　　听完毛大妈的诉说，调解员决定帮她和儿子儿媳调和一下关系。随后，调解员约见了金某夫妇，首先给金某夫妇耐心讲解了《中华人民共和国宪法》第四十九条规定和《老年人权益保障法》等有关法律法规，告诉他们不赡养不孝顺老人、言语谩骂老人等行为都是违背道德和法律的。调解员又给金某夫妇讲了乌鸦反哺、羊羔跪乳的故事，讲了清丰县是孝道之乡，要他们向张清丰学习。调解员劝解道："都是为人父母的，应该能体会到母亲劳苦一辈子把孩子抚养成人，有多么不容易。"又问道："你们现在这么对自己的母亲，就不怕将来自己老了，你们的子女也这样对待你们吗？"

　　通过调解员动之以情、晓之以理的规劝，金某夫妇认识到自己的错误，并承诺以后不会再和母亲吵架，会多多体谅母亲，让母亲有一个开心幸福的晚年生活。最后调解员将《孝道子女》这本书送给了金某夫妇，要他们向书上的孝顺子女学习，以后善待老人。

赡养老人起纠纷　人民调解唤亲情

牛某为古城乡某村村民，牛某老伴去世后，她一直独居。近几年牛某年事渐高，需要有人陪伴和照顾，但其子女或不愿或无法对其进行日常看护。为此，牛某与子女多次发生争吵，村级调解员介入调解无果，故牛某到古城乡调委会申请调解。

受理纠纷后，调解员立刻与村级调解员取得联系，并到牛某所在的村里走访，进一步了解纠纷情况。牛某的大儿子大叶表示母亲在经济方面从来没帮助过自己，自己常年在外打工没时间照顾牛某。二儿子小叶表示愿意照顾母亲，但母亲脾气不好，经常与小叶妻子发生争吵，他表示愿意到母亲家中对母亲进行照顾，但无法让母亲住在自己家中。

第二天，调解员把牛某及其子女请到了调解室进行调解。调解员采用背靠背的调解方式，将牛某的子女逐个请到另一间调解室征求他们的意见。征求过牛某子女的意见后，调解员采用心理干预法和强化责任意识法对他们进行疏导。在情理上，父母养育了子女，是子女们最大的恩人，大家都会有老的那一天，要给自己的孩子树立榜样。在乡俗上，大儿子作为家中长子，应该给弟媳树立榜样；二儿子应该多尽孝心，而不是拿婆媳不和当挡箭牌。在道德上，"百善孝为先"，赡养老人是中华民族的传统美德，也是每个子女义不容辞的责任义务。在法律上，子女们应当履行对老年人经济上供养、生活上照料和精神上慰藉的义务。通过调解员的明法析理，牛某的子女都意识到了自己的错误行为，同意继续协商赡养牛某的方案。

随后，调解员在进一步征求牛某及其子女们的意见后，依照法律法规和本地风俗，草拟了一个初步的赡养方案公布给大家，并询问大家意见。方案的大致内容为：（1）按原来协商好的，牛某在两个儿子家轮流居住，每次一个月。（2）两个儿子在牛某轮流居住的时间内要保证牛某的正常生活。（3）如果牛某生活不能自理，两个儿子和女儿要共同伺候；生活中牛某若因病产生花费，由两个儿子共同负担。（4）在保证牛某正常生活的情况下，双方不得再说闲话，不要再发生争吵。调解员与牛某子女围绕赡养方案进行了充分沟通，并最终在赡养方案的细节方面达成一致。

本案是一起典型的子女赡养老人纠纷。在赡养老人的问题上，子女们都只站在自己的立场上互相推脱，导致老人的赡养问题无法得到妥善解决。在调解该起纠纷时，调解员为防止矛盾激化，首先采用背靠背的方式与当事人分别交心，在全面掌握各方当事人的想法后，恰当运用心理干预法与强化责任法，对当事人的情绪进行疏导，唤醒当事人的责任意识，合理地提出了解决方案，并最终促成赡养协议的达成。

兄弟争议为一树　微信调解达协议

2018 年 6 月 8 日，枫桥镇某村的曹某德向娟子工作室反映：其堂弟曹某伟宅地门前西南角与他家东房后的东南墙角处有一棵曹某伟的父亲 30 年前栽植的杨树。树冠足有 15 米，树枝越过房顶伸到他家院内，长期遮阴影响通风透气，致使东房梁、椽等木料腐烂，而且每遇雨雪天，生命财产安全受到严重威胁，曹某德家人害怕，不敢居住。今年雨水频繁，屋面多处漏水，屋内家具及被褥发霉，其身体健康受到威胁，给生活带来了不便。曹某德在与曹某伟协商无果后，找到娟子工作室希望能调处解决。

娟子受理后，先到现场确认，发现曹某德反映的情况属实，但他堂弟曹某伟及家人长期外出打工，无法进行面对面调解。于是，娟子主动建立调解微信群，将当事人曹某德和曹某伟都拉入群中，用微信聊天的方式进行调解。在微信群里进行调解的同时，娟子还分别与两位当事人进行单线微信沟通。

最终，经过娟子反反复复劝导，曹某伟同意对部分进行砍伐清理，消除多年的隐患，并承诺这块位置以后不再栽树，避免因遮阴与堂兄闹别扭，影响两家的和睦。但曹某伟提出需要堂兄曹某德配合砍伐杨树。因杨树生长位置特殊，当事人贸然砍伐不仅会破坏房屋结构，还会对人身安全造成威胁，若找专业砍伐人则需支付工资300元。双方在微信上承诺：曹某德支付砍树所需的人工费，找专业人员进行砍伐作业，减少安全隐患。砍下的杨树按市场价格计算，圆木材400元/立方米，杨树目测有0.8立方米左右，可卖300多元。卖树所得的300多元，归曹某伟所有。此纠纷通过微信调解顺利了结。虽然双方当事人没有和调解员面对面，但调解同样取得了化解矛盾纠纷、化干戈为玉帛的圆满结果。

本案通过微信平台上背靠背，键对键"1（调解员）＋2（双方当事人）"的调解法调处，也就是调解员和两位当事人建群共同探讨，达成共识。调解员对双方当事人分别进行情绪疏导后，交换个人意见，进而交流形成统一思想，把达成共同意愿的内容提交到群里面，形成协议条款，最后将微信调解内容截屏打印，存入档案。微信调解方便、快捷、真实，不需要当事人亲自到场。本案运用现代化的调解方式成功化解纠纷，方便了双方当事人，使矛盾纠纷调解做到当事人"一次都不用跑"。

欠赌债打骂母亲　　施帮教改邪归正

　　和枫桥派出所红枫义警的负责人正在商讨暑期社会组织机构参加平安巡逻的事，突然，红枫义警小骆接到红枫义警会员小何的电话，说她的手机店里忽然跑进来一位40多岁的中年妇女，害怕地躲到她的手机柜台底下，紧跟着后面追上来一个年轻人。小何说，她当即问了这两位不速之客，原来是母子俩不知为了何事发生争执，儿子正对母亲实施家暴。

　　接完电话，娟子和红枫义警小骆等人随即赶到小何的手机店。这时枫桥派出所的赵警官也赶到手机店现场了。赵警官和娟子几个人就让这对母子先坐下来说说到底是怎么回事。原来，年轻人小马19岁，是枫桥镇隔壁乡镇的人，初中毕业后在一家五金厂上班，每月工资4500元，本来还每月给家里一两千元，人也很勤快。但他母亲说："小马自从上半年迷上网络赌博后就三天两头问家里拿钱。前不久小马还为此与他老爸吵架并动手了。这次，小马在网上向人家借了7000元，规定明天还钱，据说不还的话会有人找上门来讨要。小马就逼着我拿钱给他，我没有答应，于是他就……"因为母亲没有给小马还赌债的钱，就发生了开头的那一幕。

娟子和赵警官等人听了小马母亲的叙述后，就对坐在一边一直默不作声的小马说："你认为今天这事该怎么解决？"小马态度很生硬地说："让我妈妈借钱帮我还债，以后我改邪归正。"

小马母亲说："这次家里实在没钱帮你还赌债！"还对在场的人说："你们派出所为何不打击这种网上借款和赌博行为？还有，希望派出所这次先借我们7000元帮我儿子还赌债。"赵警官说："这种网上赌博行为，我们公安局枫桥派出所今年就打击掉两起，也希望你们发现网上赌博及时举报，同时注重家教，自己家里人不要参与网上赌博。"红枫义警小骆也对小马母亲说："你不是在枫桥有个姐姐吗？能否从你姐姐那里先借钱帮你儿子还清债务？我们教育小马今后不再赌博。"娟子严厉地批评小马说："你知不知道，你今天的行为不仅违法，也违背了社会道德。你作为成年人，本应该赡养父母，为父母分忧，你怎么反而这么不懂事，屡次犯错！这次我们帮你想办法，先向你姨妈借钱把赌债还上，但是，你必须写张承诺书，保证每月上交给你父母多少钱。"娟子当场用小马母亲的手机拨通了小马姨妈的电话，解释了小马与母亲之间发生的事情。小马姨妈说："只要小马能从这次事件中吸取教训，痛改前非，那么这7000元拿走也不用小马家还。否则，我不帮这个忙。"听了娟子的批评和姨妈的话后，刚才还自以为是、态度强硬的小马垂下了头，有了悔改的意思。

已是深夜11点多，小马对在场的人说："我知道自己错了，感谢赵警官和在座的叔叔阿姨对我的帮助和教育。我明天就回工厂上班。"

第二天，娟子打电话给小马母亲，询问小马的情况，得到的回复是，小马7点就去工厂上班了，还主动把可以上网玩游戏的智能手机交给了爸爸。对此,小马父母对调解员们表示感谢。

现代化的网络在给人们生活带来方便快捷的同时,也催生了网瘾、网上赌博等一系列新问题。面对新纠纷,调解员们除了单枪匹马解决外,还充分运用"四个平台"多部门联合调处化解,这种做法值得大力推广。

母子恩怨二十载　电话调解促和谐

　　李某，女，83 岁，耳聋，行动不便，育有一儿四女。李某老伴健在时与儿子关系不睦，经常闹矛盾，于是老两口就与儿子分开，长期居住在大女儿家。当时因为父子闹矛盾，所以李某夫妇与儿子之间的耕地也没有划分清楚，一直由儿子耕种。后李某老伴去世。2021 年 11 月，李某的耕地被规划列为项目地，母子陷入补偿款的纷争。李某儿子拿到补偿款后外出陕西打工。李某 4 个女儿强烈反对她们的兄弟没赡养父母却要分土地补偿款的事。

　　其实，李某家的纠纷调解工作还得从 2000 年说起。当初李某夫妇和儿子分家但未明确分地。儿子在地里修建了高效节能日光温室，母子协商由儿子每年支付母亲一定数额现金。从 2000 年到 2021 年，这笔钱都是当地司法所所长每年打电话问李某儿子讨要，收到后转交给李某的。

　　其间，为化解家庭矛盾，李某孙子通过当地司法所所长牵线搭桥，每年与奶奶李某见面。双方在司法所"政法超市"采购了"'奶奶与孙子'久违的家庭情感"项目。奶奶得知消息后，一针一线地缝制了多双鞋垫，到司法所与孙子见面时把鞋垫给了孙子。所以这次纠纷发生后，司法所所长便打电话给在浙江打工的李某孙子，让其帮忙一起调解爸爸和奶奶之间的矛盾纠纷。司法所所长通过电话连线交流缓和李某母子之间的冲突。此外，司法所所长还通过电话向远在陕西的李某儿子普及《农村土地承包法》和《民法典》继承编、合同编等法律法规。最终，李某母子在电话里自愿达成协议：争议的土地赔偿款项一次性解决清楚。

这是一起通过电话方式分头调解成功的纠纷。任何家庭都有一本难念的经。家庭成员不是遇事争高低，见分晓，而是要多沟通，避免引发纠纷。此外，良好的家风、家教、家训传承是每个家庭解决矛盾不可缺少的良方妙计。良好的家庭关系，必然是尊老爱幼、互谅互让、相互关心、互相照顾的。只有这样才能一团和气，在包容中培养感情，固守伦理，坚守道德底线。

家事纠纷生忧愁　娟子帮忙来化解

"娟子，我们是县妇联介绍来的，请帮我们想想办法处理家事。"2022 年 8 月 1 日，清丰县某镇一对忧心忡忡的夫妻来到娟子工作室焦急期盼地说道。那么，他们有什么烦恼家事需要娟子工作室帮忙呢？

娟子马上给这对夫妻递上了热茶，并听他们慢慢诉说。原来是他们的女儿得了抑郁症在北京住院治疗，而女婿却离家出走找不到了。他们说女儿住院看病已用去 1 万多元，并且女儿的病还和女婿有关。原来，正月女儿第一次发现女婿出轨后小两口发生激烈争吵。经过家人、亲戚调和后，女儿原谅了女婿。5 月 20 日那天，女儿又发现女婿出轨，情绪崩溃，后逐渐产生情绪低落等严重的抑郁症状。

娟子听了他们的诉说后，觉得当务之急是核实他们所说的内容和帮忙找到女婿。因为只有找到女婿，才能从源头上解决纠纷，并且也需要让女婿承担起给妻子看病及陪伴照顾的责任。

首先，娟子和他们所在镇的派出所进行了电话对接，得到他们夫妻曾为女婿出走报警求助的事实。派出所民警说这是当事人的家事不好立案，但如果后期需要派出所帮忙配合，派出所一定会协助。

随后，娟子又问当事人与他们亲家的关系。当事人说亲家还好，也希望孩子们和好。娟子想他们亲家肯定知道自己儿子离家出走的事，而且女婿跟自己父母联系的可能性很大，应该让他们亲家一起配合解决此事。那么，怎么才能让他们亲家"主动"说出自己儿子在哪里，并且配合调解呢？娟子找来律师工作室的律师为当事人做法律方面的分析。律师表示，如果他们女婿不回家解决这件事，不对自己爱人负责，那么女方可以走法律途径解决。娟子补充道，如果走司法途径解决会使案件更复杂，这对两家和小两口以后婚姻家庭生活也不利。娟子让当事人把律师讲的内容告诉他们亲家，估计亲家听了后会积极配合化解这起家事。

果然不出所料，当事人回去把娟子对他们说的话及律师讲的内容转达给亲家后，亲家积极配合，马上联系上了女婿。第二天傍晚，娟子电话联系当事人，他们说镇调解员和他们两个村的干部帮他们调解了半天，事情已经成功说和处理。

遇到家事类纠纷，我们一般可以这样处理：运用倾听法了解纠纷内容，运用研判法找到解决纠纷的方法，联合多个部门快速处理纠纷。

婆媳矛盾闹得猛　调解过后处得欢

自古以来，婆媳相处是个大课题。在枫桥镇调委会调解的案例中，有婆媳之间产生矛盾，闹得水火不容，但是经过调解员的调处后，婆媳关系有了根本性转变的。调解员在上门回访中，看到的是一家人其乐融融。

2016 年 2 月的一天，枫桥镇某村王书记特地来到镇调委会，反映他们村有一对婆媳因为日常生活琐事产生了矛盾，婆婆和媳妇时常各自跑到村服务中心，相互告状。婆婆王大妈有一儿一女。儿子、媳妇住在她隔壁，以经营家庭纺织业和做小本生意为生。女儿嫁到邻村，身体欠佳，生活艰辛。王大妈和老伴平日里就在家里干干杂活。近半年来，王大妈和儿媳总是为鸡毛蒜皮的事发生争吵。吵架时，王大妈诅咒儿媳说："对我不好，你们生意要不好嘞！"平时儿媳不仅自己不同王大妈打招呼，而且让自家的孩子不要叫奶奶。婆媳矛盾导致婆媳之间水火不容，越走越远。

听完王书记反映的情况后，镇调委会随即召集王书记所在村的村干部和老杨调解中心的调解员，请王大妈和儿媳妇一起面对面坐到调解桌旁。调解员首先听取王大妈的想法，询问了与儿媳产生矛盾的原因。王大妈说："主要是平时儿子和媳妇整天忙自己的事，没有空来跟我们老两口说话，没有细心地关心我们。"这时王大妈的妹妹也在一旁指责王大妈儿媳："我家儿媳可比这外甥儿媳好多了。"听到这句话，王大妈的儿媳突然大声说："我家的事，你们外人不要来管，尤其是你这个姨妈！"调解员对王大妈的妹妹说："你先别说话，不要火上浇油。"

调解员问王大妈的儿媳小张："你认为自己有没有缺点？"小张回答说："公公婆婆我们一直在赡养，至于他们要我天天讲好话给他们听，这我做不到！"调解员听了双方的意见后，基本上弄清楚婆媳矛盾的根源了。调解员劝王大妈："子女平时又要工作又要照顾小孩，可能对你们老两口关心不够，在这方面他们作为小辈也应该检讨。但是，作为自己亲生儿子的父母，你们不要因为孩子们的疏忽，对你们照顾不周而斤斤计较，相互之间应该多体谅。"调解员又语重心长地对儿媳小张说："作为小辈，我们也会有做长辈的一天，尤其是你的儿子长大后也会娶妻生子，你做婆婆的日子也不会太远啦。婆媳相处也是一门学问。至于王大妈说的，你不让自己的儿子叫王大妈奶奶这事，如果属实的话，请尽快改正。尊老、敬老、爱老是我们每个人应该具有的品德。小孩子正处于人生思想品德养成的阶段，而家长作为小孩子的第一任老师，应该在孝敬老人方面给孩子做出榜样。"

调解员的一番话使婆媳双方的情绪平静了下来。这次调解，调解员没有让双方签订所谓的协议书。调解员认为家庭的婆媳纠纷并不是用协议可以约束的，而是需要双方相互沟通、相互体谅，设身处地为对方着想。

过了几天，调解员通过电话回访了王大妈和儿媳小张。双方感谢调解员为他们家事劳心，都很有信心地告诉调解员，她们之间的关系正在往好的方面发展。半年以后，调解员下村特意走访了小张和王大妈。调解员来到王大妈家，问道："最近你儿媳对你怎么样啊？"王大妈笑着说："喏，你看，灶台上的鸭子是儿媳早上拿给我的，你们说我们好不好。"调解员听了王大妈的话，为婆媳之间关系的改善，由衷地感到高兴。

夫妻关系和亲子关系构成了家庭结构的基础。婆媳关系是以上述两种关系为中介结成的特殊关系，它既无亲子关系所具有的稳定性，也无婚姻关系所具有的密切性，因而是一种比较难处理的人际关系。如果处理不好，婆媳关系就会出现失和，甚至恶化。本案中的婆媳两人总是为鸡毛蒜皮的事吵架，关系恶化到水火不容的地步。经过调解员调处后，婆媳关系有了根本性的转变。之所以取得这样好的结果，原因在于调解员运用的调处方法、原则和理念是正确的。婆媳产生矛盾纠纷，都是有一定原因的，只有搞清原因、对症下药，才能药到病除。调解员通过听取当事人的陈述，摸清了婆媳矛盾产生的根源——相互之间缺乏谅解，不能站在对方的角度考虑问题。根据婆媳矛盾的特点和性质，调解员以中立的第三者身份，开展耐心细致的说服疏导工作，语重心长地劝导双方站在对方的立场去考虑问题：作为婆婆，对晚辈要大度、宽容，不要斤斤计较；作为儿媳要尊重婆婆，在尊老、敬老、爱老方面为下一代做出榜样。最终，双方当事人相互体谅，消除隔阂。本案例在调解婆媳矛盾过程中，体现了我国历来提倡的"设身处地""己所不欲，勿施于人"等理念，这些理念也适用于调处其他矛盾纠纷，运用得当都能取得很好的效果。

十年家暴一朝改　夫妻恩爱幸福来

2017年暑假的一天，一位丁姓中年妇女来到枫桥镇娟子工作室。丁女士坐下来一边喝着娟子泡给她的玫瑰茶，一边对娟子说："我刚从枫桥派出所报案出来，是派出所的警官让我来找娟子工作室帮我维权的。"丁女士说着还撸起袖子，指着胳膊上的大块乌青说那是她丈夫打她的证据。

原来，丁女士的丈夫老钱十年来一直打她。为此，她这些年报了无数次警，前几年镇妇联的领导也几次上门调解。但是，丁女士的丈夫屡教不改，家暴仍频频发生。丁女士反映，最近她丈夫还有出轨的嫌疑，他在家里也闲坐一个多月了。丁女士说，家里上有80多岁的婆婆，下有读大学的女儿。

娟子工作室的娟子听完丁女士的倾诉后，觉得老钱家暴持续时间长而且性质恶劣，必须及时想法子解决。娟子耐心倾听了丁女士的倾诉并询问了丁女士对婚姻前景的想法。从丁女士的谈话中，娟子得出以下三点情况：一是丁女士不想与丈夫离婚；二是丁女士的丈夫没有精神障碍；三是丁女士与婆婆也有一定的思想隔阂。

随后娟子拨通了枫桥大妈联合会陈会长的电话，邀陈会长一起去丁女士家了解情况，弄清丁女士丈夫家暴的真正原因。来到丁女士家，看到丁女士丈夫正在后院洗衣服，两间老房子收拾得很干净。等丁女士丈夫老钱洗完衣服后，陈会长招呼老钱坐下来聊聊天。老钱好像知道他们的来意，开门见山地说："不用多说啦！"随即从一个抽屉里拿出来一份拟好的离婚起诉状，说第二天就到法院，要丁女士在法庭上说。丁女士一把夺过丈夫手中的离婚起诉状，愤怒地说："我不想离婚！"这时，陈会长说："你们夫妻俩先不要吵，听我说说离婚的弊端。"陈会长接着说，"一日夫妻百日恩，夫妻之间应该多包容点，牙齿舌头有时也要打架。老钱，你平时给人印象也不错的。"娟子问老钱道："你想离婚的理由，是你老婆说的有外遇吗？"老钱还是不说话。一时气氛陷入沉闷状态，过了一会儿，丁女士又开口说起了她怀疑老公有外遇的证据。

这时娟子把老钱叫到了隔壁客厅，对老钱说："打老婆肯定是不对的，《中华人民共和国反家庭暴力法》应该知道吧？我想听听你打老婆的真正原因是什么。"老钱回答说："大概十年前，我发现老婆有外遇。和我老婆在一起的那个男人，是我老婆的初中同学，看上去比我差远啦！那个男人的妻子因为老公有了外遇而得了抑郁症，被送回了娘家，在娘家一住十几年了，而且精神状况越发不好。"娟子一听，心想真是无巧不成书啊！老钱说的那个男人的岳母刚好前一天来找过娟子，说起她女儿和女婿的事情，想请娟子去她女婿那里说和，劝说女婿把她女儿接回去，因为离婚手续没办过，女儿应该让她丈夫接回去。

听到这里，娟子问老钱："你想离婚，有没有跟读大学的女儿说过？"娟子再次问起老钱有没有外遇的事。老钱回答说："我现在已经没有外遇啦。"还说，"近段时间天气炎热，我没活可干，就在家里做做家务，包括打扫卫生。老婆家里的活一点也不干，都是我来干的。"娟子最后对老钱说，希望他过一段时间再上诉法院离婚。娟子劝丁女士说："平时工作之余，多干干家务活。对婆婆也要尊重、关心，平时多嘘寒问暖。"不知不觉，娟子和陈会长劝导了丁女士夫妇个把小时，临别时，夫妇俩把娟子和陈会长送到大门口，以示感谢。

第二天一大早，娟子先给丁女士打电话，婉转表达了老钱昨天所说的部分心里话，同时嘱咐丁女士，如果丈夫再打她，就打电话告诉娟子。丁女士正在上班，也不方便多说。之后娟子又打电话给老钱，再三叮嘱他千万不要对妻子施以家暴，做违法的事，希望老钱今后有什么烦心事，可以通过娟子工作室热线电话来倾诉。

三个月后的一天，娟子第三次拨通了丁女士的电话，回访家庭生活怎样，丁女士高兴地回复说："谢谢娟子，这段日子不错。"听上去丁女士心情爽朗，娟子心里的一块石头终于落了地。

反对和制止家暴，维护妇女的合法权益，是娟子工作室日常工作中的一项重要任务。在上述这个案例中，调解员娟子抓住夫妻双方矛盾的关键点，通过一通通电话、一次次上门，苦口婆心，循循善诱，耐心劝导疏通，最终劝和了一对即将对簿公堂的夫妻。

争遗产兄弟反目　和为贵重归于好

枫桥镇某村的大骆小骆兄弟，是当年建造永宁水库时的拆迁户。因为当初父亲帮兄弟俩分家产时，没有想到后面要拆迁，所以 20 世纪 90 年代登记房产时，父亲把一处自己住的平房登记到暂时与他同住的小儿子小骆名下。就是这处平房的拆迁赔偿款导致大骆小骆兄弟俩反目。

小骆分到平房的赔偿款后，大骆的妻子就找上门来，扬言："当初这处平房是公公的产权，所以这次拆迁款应该兄弟两户人家平分！"小骆反驳道："这房产证上写的是我的名字，当然是我家的！"为平房的赔偿款，两家这一段时间争吵不断，并由此引发了一系列矛盾。

村党支部陈书记和村主任从走访中了解到这个情况后，觉得有责任帮助这两户人家化解矛盾，不能让这两户人家的矛盾影响村里的安定和谐。于是陈书记主动和村党支部委员吕小祥一起召集兄弟两家来到村调解室调解。

小骆夫妻俩刚踏进调解室大门，就大声地对陈书记嚷道："你捞了他家什么好处，想把我家的钱分给他们？"陈书记也不生气，马上给夫妻俩泡了杯茶，让两个人先坐下再说。随后，大骆夫妻也走进了调解室，看到小骆夫妻后气不打一处来，马上对陈书记说："现在不是我们家硬要他家钱，而是分家时我们的舅舅也在场，他也知道当初分家时，这处平房是我们父母的，那么现在我们父母不在了，这遗产当然属于两家。"还没等大骆夫妻说完，小骆的妻子就走到大骆面前跪拜起来，诅咒他家不得好死！眼看矛盾即将进一步激化，两名调解员马上把双方当事人劝开。陈书记拿起他自己办公桌上的糖分给双方当事人吃，一边分，一边劝说："你们也吵累了，先吃颗糖。我跟你们无冤无仇。你们两户人家本该上法庭解决，但是亲兄弟本是同根生，相煎何太急？你们没听到村里有户人家三兄弟，其中有位兄弟这次还无偿捐给另外一位生病的兄弟 30 万元？你们想想看。"这时，一旁的吕小祥对双方当事人说："你们的事再争执下去，说不定轻则打成轻伤，重则闹出人命，所以我们今天是为你们着想，代表村里叫你们两户人家坐下来好好调和一下。"

听了两位调解员的话，双方当事人气头小了好多。这时大骆开口说："既然这样，你们村里给我分分看。"小骆说："现在是法治社会，凡事得按法律来，你们两位干部想个方案出来。"这时陈书记给他的朋友，也是小骆妻子和大骆同一单位的领导打了个电话，让这位领导来做双方的思想工作。单位领导马上赶过来，劝双方当事人说："我看你们是亲兄弟，大家好好协商一下，到时让村里给你们写张协议，双方姿态都放低点，互相包容点，不要为了父母的遗产弄得你们父母地下不安。"这话一说，双方当事人顿时鸦雀无声。这时隔壁办公室的村"两委"其他干部也进来劝说兄弟俩。村妇联主席说："我昨天看到一则新闻，有位 80 多岁的老爷子在登寻人启事，寻找 70 年前走散的兄弟。你们要珍惜兄弟情，兄弟情谊无价，但钱总要用完的呢！"

经过两个小时的调解协商，最后双方当事人达成协议：小骆从分到的补偿款中分出一部分给大骆，并且当场兑现，两人握手言和。

本案例中，调解员遵循中华民族"和为贵"的理念，通过耐心说理劝导，又巧妙地借助双方当事人的领导出面做工作，从而成功地化解了兄弟反目的矛盾纠纷，使两家重归于好。随着经济社会的发展，因拆迁征地等引发的矛盾纠纷也时有发生。这类矛盾纠纷因涉及当事人的经济利益，具有尖锐性、激烈性等特点，如不及时调解，往往会导致严重后果。本案中值得肯定的是，调解员在遇到矛盾纠纷时，既没有回避，也没有推出去将矛盾纠纷上交，而是积极主动地介入调处，及时将矛盾纠纷解决在基层，做到了矛盾不出村。

家庭暴力闹离婚　人民调解促和谐

　　"丁零零……"2月14日，12338妇女维权热线响起，原来某村妇女贾某被丈夫樊某打伤，住进医院，且樊某拒绝支付医药费。接到求助后，调解员与荆门市法律援助中心志愿者律师紧急集合，在第一时间赶赴医院。

　　据了解，贾某与樊某婚后感情一直不错。后来樊某把公婆接来同住后，贾某因与公公关系不睦，逐渐产生分家想法。孝顺的樊某不同意，就此事两人争执不断。当天，夫妻俩发生了点小摩擦，可此次樊某一反常态抓住贾某头部往墙上撞，导致贾某受伤。

　　调解员先是向贾某宣讲了有关法律法规，了解到女方及家人想挽救婚姻、愿意接受调解的意向后，又拨通了樊某的电话。

　　"你们把我抓起来也好，离婚也好，我都无所谓，但医药费我是不会付的！"电话那头，樊某态度冷漠，语气生硬，调解一度陷入僵局。但调解员没有放弃："据你妻子和她家人，你一直是一个好丈夫。她很怀念刚结婚的日子，一起在外打工，同吃一碗泡面，说你是个吃苦耐劳的人……"

虽然电话那头的樊某一直默然不语，但电话依然是连线状态。调解员一边耐心劝导，一边体会着樊某冷漠言语背后的情绪和未满足的需求。想到贾某介绍说公公一向脾气暴躁，一家人没少受过辱骂殴打，调解员适时切入共情技巧。

"我理解，你也是一名受害者，从小看着父亲殴打母亲。我想你比谁都能理解家暴对孩子造成的伤害。我知道，你不是故意要伤害妻子，只是夹在父亲和妻子中间两头为难，找不到更好的办法沟通交流，控制不住情绪才下了手。你的儿子多可爱啊，你的一举一动都是孩子的榜样，我想你肯定也不愿意儿子长大后对媳妇动粗吧……"沉默的电话那头，传来一声长长的叹息声，樊某哽咽着表示愿意调解。

一小时后，樊某赶到医院，夫妻双方当场互相认错、言和。近四个小时的调解成功化解一起家暴矛盾。

4

第四章
积极打造家事调解品牌

远赴他乡传播"枫桥经验"

蔡娟，昵称"娟子"，中共党员，浙江省一级人民调解员、婚姻家庭咨询师、心理咨询师。2015 年在浙江省诸暨市"枫桥经验"发源地枫桥镇从事人民调解工作，2017 年 6 月创办了"娟子工作室"，在当地享有很高的声誉。蔡娟同志从事过多种职业，人生经历丰富，成为一名人民调解员以后，一心扑在调解工作上，满腔热情地耕耘在基层人民调解战线上，全心全意为基层百姓排忧解难，调解工作干得风生水起。娟子工作室成立不到两年，就先后调处疑难复杂的家事矛盾纠纷 300 多起，受到当地领导和群众的好评，全国妇联领导对此充分肯定，并鼓励蔡娟培养更多的"娟子"，服务基层婚姻家庭纠纷化解工作。娟子工作室成为浙江省诸暨市人民调解工作的一块响亮的品牌。她及时总结调解工作经验，在工作之余编写的《枫桥经验之人民调解案例故事》和《枫桥经验 调出和谐》等书，成为全国多个地市的人民调解培训教材。各级新闻媒体对娟子做了不少报道，娟子工作室成为浙江省著名的家事品牌调解室，在全国也享有很高的声誉。蔡娟本人也多次受到国家和省市各级领导的接见。

2019 年 11 月，蔡娟到河南省清丰县调研人民调解"清丰模式"。经过实地走访，深入交流，蔡娟对清丰县在化解矛盾纠纷方面的新做法新经验十分赞同："我到过全国很多地方调研、讲演，经过比较后发现，河南清丰的做法独树一帜，因地制宜地探索出了一套适合自己的模式，并且卓有成效，这让我产生了浓厚的兴趣。"

在这次调研之后，清丰县司法局向蔡娟抛出了橄榄枝。2019 年 12 月，清丰县通过人才引进，将蔡娟聘任为该县联合人民调解委员会副主任、人民调解员协会党支部书记，"娟子工作室"也由浙江省诸暨市枫桥镇迁至河南省清丰县，正式成立了清丰县娟子工作室。

蔡娟始终坚守人民至上这一不变初心，全心全意为人民群众调解矛盾纠纷，时刻不忘为他们排忧解难。为了方便群众，她还开通了娟子工作室的 24 小时调解热线，为群众排解矛盾、疏导积怨，不分白天黑夜。百姓只要有急于调解的矛盾纠纷以及与此相关的问题，都可随时拨打 24 小时为民调解热线。对每个打来的热线电话，娟子工作室都认真处理，一一登记在案，做到件件有着落，落实后有反馈。这条热线是目前国内开通的第一条 24 小时公益为民调解热线，不仅清丰县和河南省有调解需求的会拨打这条热线，而且一些外省市有调解方面问题的也会拨打热线咨询娟子工作室。老百姓称这条热线为"老百姓自己的热线"。"有事找娟子，拨一拨就灵"，已经为越来越多的人熟知。除了热线电话调解，蔡娟还综合运用网上调解、微信调解。她对群众满腔热情，工作高度负责，找她调解的人越来越多。

在线下，蔡娟经常接处来访问的干群，化解乡镇转来和上级转来的案件。其中既有婚姻家庭纠纷案件，也有邻里纠纷、经济纠纷等案件。来清丰当年她就成功调处了 5 起比较疑难的历史和突发案件，之后不断有当事人找蔡娟调解家事纠纷案件和其他民事纠纷案件。蔡娟坚持定期下基层，察民情，多次走进乡村和群众家中，与群众面对面沟通交流、化解矛盾纠纷。接处和调解的对象除了清丰本地干群，还有来自北京、山东、青海等地的当事人。

引进"娟子工作室"，是河南省清丰县在贯彻习近平总书记关于坚持好、发展好"枫桥经验"的重要指示精神方面的一个成功案例。清丰县借助"娟子工作室"的品牌优势，大力培养娟子式调解员，推动全县人民调解工作以及基层社会治理和法治乡村建设再上新台阶。

扎根河南推广"清丰模式"

在清丰县三年多时间，蔡娟将激情、精力和经验，毫无保留地倾洒在这块土地上。在清丰县委县政府和县政法委、县司法局的领导下，蔡娟在枫桥调解经验的基础上，根据南北差异，尤其是河南与浙江的经济发展不同、地域文化不同、群众信访观念不同等特点，积极探索符合清丰实际，具有清丰特色和地域特点的基层社会治理新模式，大力推广"清丰模式"。清丰县坚持和发展"枫桥经验"，不断探索基层治理新机制，以县乡村综治中心为主阵地，形成了访诉调一体化解矛盾纠纷的新机制，被司法部调研组总结为"清丰模式"。蔡娟的一项重要使命，就是把"枫桥经验"与"清丰模式"相融合，发挥 1＋1＞2 的作用。除了参加疑难复杂案件的调解外，蔡娟利用工作之余，撰写出版了《枫桥经验之人民调解清丰模式》一书，介绍了"清丰模式"的"1133"内容：就是针对人民调解工作中的痛点和堵点问题，通过组建一个协会理顺关系、实施一个计划提升素质、建立三项机制激发动能、开展三调联动汇聚合力。

一个协会：2018 年 6 月份，清丰挂牌成立河南省首家县级人民调解员协会，并承接了政府购买调解服务，成为全国第一个承接政府购买服务的人民调解员协会。专职人民调解员由协会招聘和统一派遣到各人民调解委员会，从而理顺了劳动关系。

一个计划：2019年12月份，浙江省枫桥镇娟子工作室著名调解专家蔡娟到清丰考察并留在清丰工作，在清丰启动"娟子式调解员"培养计划，一年多时间已培养出21个品牌调解员，调解员队伍整体素质明显提高。

三项机制：一是奖惩激励。严格绩效考核，创新调解员补贴发放办法，充分调动了调解员的工作积极性。二是身份激励。制定《关于聘任职业调解师的决议》，探索出一条专职人民调解员职业化的路子，培养和留住了一批年轻优秀的专业调解人才。三是竞技激励。每月举办一期"我的调解故事"宣讲赛，讲技巧、讲受益、讲启示。竞技式交流学习促使调解员专业素养不断提高。

三调联动：一是"访诉调"联动，制定《关于建立"访诉调"对接联动机制的意见》，规范工作流程和联席会议制度，形成了信访接待、人民调解、法律咨询、心理疏导、司法确认、行政复议、速裁仲裁等无缝对接和一条龙服务。二是"律心调"联动，人民调解员协会、公共法律服务协会和心理学会建立合作机制，在县、乡综治中心设立了律师工作室和心理疏导室。为调解对象提供法律咨询和心理疏导服务，对调解协议进行合法性审核，从而提高了办案效率和质量。三是调解组织联动。在县综治中心成立县联调委，统筹协调县直八个行业性、专业性调解组织和17个乡镇人民调解委员会，并通过乡镇与503个行政村的人民调解委员会形成联动。县联调委设立调度室，对调解案件和调解力量及时进行调度，在全县形成强大的调解合力。

蔡娟是"清丰模式"的参与者和见证者，她在清丰县和濮阳市的有关会议上以及外出讲课及交流经验时，积极宣传和推广"枫桥经验"的创新版"清丰模式"的创新举措。如今"清丰模式"在清丰县各地已经开花结果，大量矛盾纠纷得以及时化解，信访量大幅下降，诉讼案件得到有效分流，85%的村成为"零上访"村。2021年1月，在"清丰模式"中发挥主要作用的清丰县联调委被表彰为"全国模范人民调解委员会"；2021年1月，涉及856套商铺的亿洲业主与商业管理公司合同纠纷案被评为"河南省矛盾纠纷多元调解10大典型案例"，同时入选"全国人民调解精品案例库"；2021年6月，在县人民调解员协会担任党支部书记的蔡娟被表彰为"河南省优秀共产党员"；2021年9月，县委书记曹拥军在全省平安建设会议上做典型发言。三年来，清丰已接待来自省内外的考察团309个，"清丰模式"开始叫响并走向全国。这之中也有蔡娟的一份贡献。

蔡娟不仅是家事案件调解的佼佼者，而且是善于总结经验和写作的有心人。除了做好案件调解、调解员培训、接待全国各地的考察团等工作外，从清丰矛盾纠纷的特点出发，她把自己近几年的调解经验和学习心得体会，撰写成论文和书稿。近三年来，她撰写了论文《我国南北方矛盾纠纷的对比分析与研究》《"三治融合"与新形势下经济社会矛盾调解创新研究》等论文，其中《"三治融合"与新形势下经济社会矛盾调解创新研究》荣获2020年第十三届中部崛起法治论坛二等奖，是河南省司法行政系统唯一获奖作品。编著出版了宣传全国各地学习和践行"枫桥经验"的《枫桥经验 调出和谐》，讲述品牌调解员蔡娟践行和传播"枫桥经验"故事的《枫桥经验的践行者——从江南的枫桥到中原的清丰》，介绍坚持和发展"枫桥经验"创新县域基层社会治理的《枫桥经验之人民调解清丰模式》。这些论文和著作，通俗易懂地宣传了习近平关于坚持发展"枫桥经验"的指示精神和创新基层社会治理体系的论述，营造了大力加强人民调解工作的舆论氛围。

示范引领培养"娟子式调解员"

清丰县委县政府对人民调解工作十分重视，成立了由清丰县委书记任组长，县委副书记、县政府县长任常务副组长，县委常委、县委政法委书记和县政府分管政法工作的副县长任副组长的清丰县人民调解工作领导小组，加强对人民调解工作和基层治理平安建设工作的领导，打造更加和谐稳定的清丰，让人民群众有更多的获得感、安全感和幸福感。

为了充分发挥"娟子效应"及其示范引领作用，清丰县司法局和县领导把培养娟子式调解员作为蔡娟的一项重要任务。按照中共清丰县委十三届九次全会关于培养"娟子式调解员"的要求，2019年县司法局出台了"娟子式调解员培养计划"文件，确定培养目标：利用三年时间，在全县人民调解员中培养出一批"政治上靠得住、作风上过得硬、群众信得过、难题解得了"的娟子式调解员。培养方式有集中培训、分批带徒、参观体验、宣讲比赛、课堂研究等。每月组织一次由全体调解员参加的集中培训，采用集中授课的方式，让蔡娟等调解专家、法律专家、心理专家等讲授调解技巧、法律常识和心理学知识。从 2020 年 1 月开始，让全县相对年轻的调解员分批在娟子工作室当学徒，从这些学徒中逐渐培养出一批专业化、年轻化的职业调解员。同时有计划地组织学员赴浙江省枫桥镇等先进地区，开展体验式学习。根据调解员实际工作中需要掌握和运用的调解方法技能，蔡娟总结编写了娟子式调解员培养计划教材 8 万字。定期举办调解员调解宣讲大赛，参赛的调解员精心总结平时调解案例的经验和心得体会，通过比赛，相互学习，取长补短，形成调解员比、学、赶、超的氛围。不仅锻炼调解员的调、写、讲能力，而且有助于提升调解员的业务水平。培训计划还制定了组织、资金、人才、机制等保障措施。蔡娟还根据每个乡镇矛盾纠纷类型不同的占比量，去乡镇对调解员、网格员进行对症下药式培训。三年来，相继成立了几个乡镇的娟子工作室分站和警调对接工作室，全方位开展预防化解矛盾的工作。

濮阳市探索"娟子工作室＋妇联"模式，做好平安建设"家和"大文章。"娟子工作室"落户濮阳市后，市妇联高度重视，第一时间与蔡娟沟通对接，积极谋划"娟子工作室＋妇联"模式，推动婚姻家庭矛盾纠纷预防化解工作再上新台阶。一是主动融入，培养赋能。将乡村妇联干部、巾帼志愿者、好媳妇等纳入"娟子式调解员"培养计划，全面提升基层专兼职妇联干部婚姻家庭纠纷预防化解技巧水平。二是调研取经，拓展思路。定期组织市县妇联到"娟子工作室"座谈交流，学习"娟子工作室"调解经验做法。三是发挥专长，联合调处。针对多次上访的婚姻家庭纠纷类案件，建立了妇联与"娟子工作室"联合调解工作机制。两年来，各级妇联联合"娟子工作室"、律师成功调解了 20 余起疑难家事纠纷。

创新理念孵化"娟子式家事调解工作室"

2022 年 1 月，根据中共清丰县委、清丰县人民政府《关于巩固拓展人民调解"清丰模式"的十条意见》和清丰县第十六届人代会上政府工作报告中提出的关于持续实施"娟子式调解员培养计划"等要求，根据市妇联《关于建立健全"娟子式家事调解工作室"的通知》，清丰县制定了《建立健全娟子式家事调解工作室实施方案》，推进"娟子工作室"与妇联工作深度融合，在全县构建"1 ＋ N"，即 1 家县级"娟子工作室"，N 家各具特色的乡（镇、办）、村（社区）"娟子式家事调解工作室"工作格局，利用一年半的时间，建立完善联合调解工作机制，深入实施娟子式调解员培养计划，培养一批"娟子式调解员"，建设县、乡镇（办）、村（社区）三级"娟子式家事调解工作室"，推动全县家事调解工作向纵深发展，助力建设更高水平的平安清丰。至 2022 年 12 月 10 日，全部乡镇（办）和 30% 的村（社区）建成"娟子式家事调解工作室"。

"娟子式家事调解工作室"主任由同级妇联主席担任，成员由热心妇女事业的志愿者、退休女干部、女律师、女警官、女法官、女心理咨询师、网格员等具体负责。村妇联主席和有群众基础、调解能力的最美家庭、五好家庭、"好媳妇"同步建立线上"娟子式家事调解工作室"微信群，把联系的妇女群众纳进微信群，通过线上线下联动，实现实体虚拟"娟子式家事调解工作室"有机融合，互联互通，最大限度地满足新形势下妇女群众和家庭对人民调解工作的新需求和新期待，做好婚姻家庭法律知识的"宣传员"、家庭纠纷的"调解员"、和谐社会的"守护员"。健全工作机制。建立"娟子式家事调解工作室"日常管理、定期培训、激励表彰等机制，不断提高"娟子式家事调解工作室"成员的业务能力和工作水平。各级工作室要充分发挥作用，要秉承"和"的调解理念，以调解为主旋律，以情理为主基调，注重亲情修复，通过"情绪疏导、亲情调解、家庭教育、困难帮扶"化解家事纠纷。案件调解成功后，通过上门、电话、微信、视频等多种方式进行随访问效，健全监管链条，做到闭环管理。通过细致排查、积极化解、妥善处置，实现家庭小事不出村、家庭大事不出乡。

特别值得一提的是，蔡娟总结多年调解工作实践，运用矛盾特殊性原理，探讨家事纠纷的特殊性，提出了家事纠纷区别于一般民事纠纷的特点，归纳起来主要有"复杂的情感纠葛""涉及社会公共利益""强烈的私密性""显著的伦理性"和"日趋多元复杂性"。针对家事纠纷的特点，鲜明地提出不能用调处一般民事纠纷案件的方法来调处家事纠纷，应该采用适合于家事纠纷的调解理念和方式方法，提出根据不同家事案件类型，综合运用情感调解法、用心倾听法、心理调解法等多种方式来调解家事纠纷案件，她用调解家事纠纷的新理念和方式方法，调处的大量家事纠纷案件成功率都在百分之百，当事人对她的调解工作没有不满意的。

为更好推动"娟子式家事调解工作室"建设，蔡娟始终重视理论学习，认真学习党的十八大以来习近平新时代中国特色社会主义思想，学习、履行好习近平法治思想，牢固树立政治意识、大局意识、核心意识、看齐意识，自觉在思想上、政治上、行动上同以习近平同志为核心的党中央保持高度一致。作为党员和人民调解员，她积极参加党支部的组织生活，加强党性修养，严守党员标准，自觉接受党内外群众的监督，发挥党员在人民调解工作中的先锋模范作用，不断增强人民调解员的社会责任感和职业荣誉感，严格遵守和执行职业道德和工作纪律，树立廉洁自律良好形象，以人民至上的理念，一如既往践行习近平坚持发展"枫桥经验"的指示精神，指导人们开展调解工作，积极推广人民调解的"清丰模式"。为持续实施娟子式调解员培养计划，丰富培训内容和形式，她孜孜以求，不断提高培训的针对性、有效性。为了发挥娟子工作室的品牌示范作用，蔡娟严格执行娟子工作室制定的八项工作制度，明确人民调解员职责任务，自觉加强自身管理。截至 2023 年上半年，已复制出"娟子式"调解工作室 7 个，培养专职调解员 75 名、调解员志愿者 500 余名，全县调解员素质得到了大幅提升。

附　录

大力加强婚姻家庭纠纷人民调解工作

早在 2017 年 3 月 17 日，中央综治办、全国妇联、最高人民法院、公安部、民政部、司法部就出台了《关于做好婚姻家庭纠纷预防化解工作的意见》，全文如下。

婚姻家庭关系是基础社会关系，婚姻家庭和谐是社会稳定的基础和前提。当前，我国正处于社会转型的历史时期，传统婚姻家庭观念和稳定性受到冲击，相关矛盾纠纷易发多发，有的甚至引发刑事案件乃至重大命案，严重损害家庭成员权益，影响社会和谐稳定。为进一步完善矛盾纠纷多元化解机制，做好婚姻家庭纠纷预防化解工作，现提出如下意见。

一、指导思想和基本原则

（1）指导思想。全面贯彻党的十八大和十八届三中、四中、五中、六中全会精神，以邓小平理论、"三个代表"重要思想、科学发展观为指导，深入学习贯彻习近平总书记系列重要讲话精神，增强政治责任感，提高工作预见性，落实中共中央办公厅、国务院办公厅印发的《关于完善矛盾纠纷多元化解机制的意见》，以调解为重要渠道，以防范婚姻家庭纠纷激化引发命案为重点，健全完善预防化解婚姻家庭纠纷工作机制，引导社会公众建立和维护平等、和睦、文明的婚姻家庭关系，进一步增强人民群众的安全感和幸福感，为全面建成小康社会创造和谐稳定的社会环境。

（2）基本原则。坚持党委领导、政府主导、综治协调，发挥人民法院、公安、司法行政、民政等部门职能作用，发挥妇联组织的工作优势，完善衔接联动机制，形成工作合力，为群众化解婚姻家庭纠纷提供多元、便捷的服务。坚持预防为主，把群众满意作为出发点和落脚点，提高预测预警预防能力，积极化解矛盾纠纷，努力做到发现在早、防范在先、处置在小，着力建设平等、和睦、文明的婚姻家庭关系，注重从源头上减少婚姻家庭纠纷的产生，以家庭平安促进社会平安。坚持依法治理，运用法治思维和法治方式化解婚姻家庭纠纷，维护当事人的合法权益。

二、扎实开展基层婚姻家庭纠纷排查化解工作

（1）健全婚姻家庭纠纷排查调处制度。各级综治组织要在党委和政府领导下，切实做好调查研究、组织协调、督导检查、考评、推动等工作，深化"平安家庭"建设，推进婚姻家庭纠纷排查调处工作。针对婚姻家庭纠纷，推动建立集中排查调处和经常性排查调处相结合的工作制度。定期召开矛盾纠纷排查调处工作协调会议，并将分析研判婚姻家庭纠纷作为会议的重要内容，及时掌握婚姻家庭纠纷总体情况，对可能引发恶性事件的苗头性问题，深入调查研究，并按照"属地管理"和"谁主管谁负责"原则，落实工作责任，推动采取切实可行的措施予以化解。以农村地区为重点，根据本地区婚姻家庭纠纷发生规律特点，组织力量加强春节前后和农民工返乡期等重点时段的专项矛盾纠纷排查化解行动。推动基层组织健全

完善农村留守老人、妇女、儿童关爱帮扶体系，重点关注有两地分居、招婿、失独、婚姻关系变化、扶养关系变动、发生遗产继承等情况的家庭，定期了解情况，对家庭关系不和的主动上门做工作、给予重点帮扶，做到底数清、情况明、措施实，有效预防矛盾纠纷的发生、激化。推动加大对公益慈善类、城乡社区服务类社会组织的培育扶持力度，通过政府购买服务等方式，支持社会组织参与婚姻家庭纠纷预防化解工作。支持律师事务所或其他具有调解功能的组织根据当事人的需求提供婚姻家庭纠纷多元化解服务并适当收取费用。

（2）充分发挥综治中心和网格化服务管理作用。按照《社会治安综合治理综治中心建设与管理规范》要求加强各级综治中心建设，发挥其平台作用。确保到 2020 年，在乡镇及以上地方各级综治中心，通过公安、民政、司法行政、人民法院、妇联等单位派员入驻办公，或依托综治信息系统、综治视联网进行信息共享和可视化办公，全部建立婚姻家庭纠纷多元化解的协作联动工作机制；县乡两级综治中心，全部建立妇女儿童维权站或婚姻家庭纠纷专门调处窗口，为相关工作开展提供必要场所；村（社区）综治中心，全部建立矛盾纠纷调处室，并与警务室（站）、相关调解组织工作实现衔接，及时发现、处置婚姻家庭纠纷。推进基层综治中心心理咨询室或社会工作室（站）建设，配备心理辅导人员或引入心理咨询师、婚姻家庭咨询师、社会工作师等专业队伍，就婚姻家庭问题开展心理服务、疏导和危机干预等工作。推动城乡社区网格化服务管理全覆盖，发挥其"底座"作用。整合条线资源，设立综合网格员，将定期入户走访、排查上报、先期处置婚姻家庭纠纷作为网格员的重要职责。组织社区工作者、网格员及平安志愿者、"五老人员"等社会力量，发挥好他们的人缘、地缘优势，推动工作进一步向楼栋（院落）、家庭延伸，第一时间发现并处置婚姻家庭纠纷。

（3）切实发挥公安机关的职能作用。各级公安机关要积极参与矛盾纠纷多元化解机制建设，进一步强化矛盾纠纷排查工作。要坚持预防为主的原则，深入社区、家庭、群众，及时排查发现婚姻家庭纠纷的苗头和线索，会同有关部门及时化解稳控。要积极贯彻落实反家庭暴力法，依法处置家庭暴力行为，严防矛盾激化升级。进一步加强与综治组织、司法行政机关、人民法院、妇联等单位及有关调解组织的衔接配合，有条件的公安派出所等基层执法单位可以设立人民调解室，及时调解受理婚姻家庭纠纷，最大限度预防一般性婚姻家庭纠纷转化为治安案件、刑事案件。

（4）有效发挥妇联组织在家庭和社区的工作优势。各级妇联组织要积极开展法治宣传和家庭美德教育，推动预防和制止家庭暴力工作，维护妇女儿童合法权益，促进家庭和谐、社会稳定。组织开展"建设法治中国·巾帼在行动"、寻找"最美家庭"等活动，建好各级妇联信访接待室，畅通12338妇女维权服务热线，拓展网络等渠道，及时受理婚姻家庭纠纷投诉。推进城乡社区"妇女之家"、县乡两级综治中心妇女儿童维权站建设，协助调处婚姻家庭纠纷及其他涉及妇女儿童合法权益的案件，做好矛盾排查、心理疏导、纠纷调解、信访代理、法律帮助、困难帮扶等工作。发挥妇联的组织和人才优势，加大与相关单位的衔接配合力度，推进婚姻家庭纠纷人民调解组织建设，积极参与婚姻家庭纠纷的人民调解、行政调解、司法调解等工作。

三、加强婚姻家庭纠纷人民调解工作

（1）建立健全婚姻家庭纠纷人民调解组织。根据矛盾纠纷化解需要，因地制宜地推进婚姻家庭纠纷人民调解组织建设。鼓励在县（市、区），由妇联组织会同司法行政机关等建立健全婚姻家庭

纠纷人民调解委员会，选聘法律、心理、社会工作等领域的专家、实务工作者和妇联维权干部等担任人民调解员，建立专家库，调解疑难纠纷。在乡镇（街道）、村（社区），充分发挥人民调解组织遍及城乡、熟悉社情民意的优势，选聘专兼职调解员，配备婚姻家庭纠纷调解工作力量，逐步增强调解工作的专业性，立足抓早抓小抓苗头，及时就地化解婚姻家庭纠纷。婚姻家庭纠纷人民调解委员会要以方便群众为原则选择办公地点和办公场所，有条件的基层综治中心应当为婚姻家庭纠纷人民调解委员会提供办公场所，办公场所应悬挂统一的人民调解标牌和标识，公开人民调解制度及调委会组成人员。

（2）着力建设婚姻家庭纠纷人民调解员队伍。司法行政机关要与妇联组织合作加强婚姻家庭纠纷人民调解员队伍建设。设立婚姻家庭纠纷人民调解委员会专职调解员公益岗位，弥补专职调解力量的不足。加强对人民调解员的专业指导，把婚姻家庭纠纷人民调解员纳入司法行政系统培训计划。通过举办培训班、案例研讨等形式，组织开展社会性别意识、法律、心理、社会工作等多方面的专业培训，支持调解员获得法律职业资格、社会工作者职业资格、婚姻家庭咨询师、心理咨询师等资质，增强调解员促进男女平等、坚持儿童利益优先以及保护家庭弱势群体利益的意识，提高调解员专业能力和素质，打造一支专业水平过硬、调解技能娴熟的婚姻家庭纠纷调解员队伍，在人民调解、司法调解、行政调解以及婚姻家庭辅导等工作领域发挥积极作用。

（3）切实加强婚姻家庭纠纷调解工作经费保障。推动落实《中华人民共和国人民调解法》和财政部、司法部《关于进一步加强人民调解工作经费保障的意见》等相关规定，各级地方财政安排婚姻家庭纠纷人民调解委员会补助经费和人民调解员补贴经费，提高保障标准，建立动态增长机制。加快运用政府购买服务的方式，把婚姻家庭纠纷调解工作纳入政府购买服务指导性目录，按照规定的购买方式和程序积极组织实施，并逐步加大购买力度。建立健全"以案定补""以奖代补"等办法，引导激励调解员爱岗奉献，落实好因公致伤致残、牺牲人民调解员的医疗、生活救助和抚恤优待政策。鼓励婚姻家庭纠纷人民调解组织通过吸纳社会捐赠、公益赞助等符合国家法律法规规定的渠道筹措经费，提高保障水平。

四、大力推进结婚登记颁证和婚姻家庭辅导工作

（1）加强结婚登记颁证工作。民政部门要探索开展多种形式的婚前教育工作，让婚姻当事人在接受教育中慎思明辨，培养成熟理性的婚姻观念，掌握经营婚姻家庭的技巧。要在坚持自愿、免费的前提下，深入推进结婚登记颁证工作，让当事人在庄重神圣的颁证仪式中感悟婚姻家庭所蕴含的责任与担当。

（2）推进婚姻家庭辅导工作。民政部门要加强婚姻家庭辅导室建设，发挥好社会组织和专业人才队伍的积极作用，通过政府购买服务等方式，开展婚姻家庭辅导工作。婚姻登记机关应围绕群众需求，在坚持事前告知、自愿接受的前提下，免费提供心理疏导、纠纷调解、法律咨询等婚姻家庭辅导服务，预防和化解纠纷，促进婚姻家庭的和谐稳定。要善于运用互联网、手机等新载体，不断扩大婚姻辅导工作受众，提高婚姻辅导工作实效。

五、推进家事审判制度改革

（1）稳步推进家事审判方式和工作机制改革。人民法院要总结家事审判方式和工作机制改革试点经验，研究制定家事审判方式和工作机制改革试点工作规程，积极推动健全婚姻家庭案件审判组

织和审判队伍，设立家事审判庭和家事审判团队，选任符合条件的家事主审法官，聘用、培养家事调查员、心理辅导员等审判辅助人员。加强家事审判工作人员调解技能、心理学知识等方面的系统培训。加强硬件设施配置，提升业务装备配备水平。针对家事审判特点，着眼于修复家庭关系，坚持未成年人最大利益原则，从审判组织、队伍建设、证明标准、制止家庭暴力、家庭财产申报、诉讼程序等多方面进行家事审判专业化探索，逐步形成不同于财产类案件的审判模式。

（2）把调解贯穿婚姻家庭诉讼全过程。人民法院要加强诉调对接平台建设，完善特邀调解组织和特邀调解员名册制度，通过委托调解、委派调解、特邀调解做好婚姻家庭案件调解工作。鼓励相关调解组织在诉调对接平台设立调解工作室，办理人民法院委派或委托调解的案件，推动构建司法、行政和社会力量相结合的新型家事纠纷综合协调解决模式。积极试行家事案件调解前置制度，落实离婚等案件应当调解的规定，把调解贯穿于诉前、诉中、诉后全过程。经人民调解委员会调解达成的协议，鼓励双方当事人依法向人民法院申请司法确认调解协议的效力。

六、强化工作支持

（1）加强信息化建设。依托社会治安综合治理信息化综合平台，按照相关数据和技术标准，建设在线矛盾纠纷化解信息系统，完善信息沟通机制，推动综治组织和公安、民政、司法行政、人民法院、妇联等单位相关信息系统的互联互通，数据的共享共用，做好婚姻家庭纠纷的在线受理、统计、督办、反馈等工作。依托"雪亮工程"建设，拓展和连接相关视频会议、视频通信系统，逐步延伸至村（社区），开展视频调解等工作，使专业矛盾纠纷调解资源向基层延伸。

探索建立婚姻家庭纠纷网上专家库，建立在线法律咨询、在线调解和诉讼案件在线立案、在线审判系统，满足人民群众对便捷、高效化解矛盾纠纷的需求。开发应用平安建设移动客户端、平安建设微信公众号等，建立激励机制，鼓励网格员、志愿者和广大群众利用信息化手段及时上报矛盾纠纷，提升隐患发现能力，逐步探索为群众提供"掌上咨询""掌上调解"等服务。通过加强信息化支撑，构建"互联网＋"婚姻家庭纠纷预防化解工作格局，推动各单位建立更为灵活的对接协作、跟踪服务制度，使矛盾纠纷在不同发展阶段、不同情况下，都有相应的力量介入开展工作，确保"民不转刑，刑不转命"。

（2）严格落实责任。贯彻实施中共中央办公厅、国务院办公厅印发的《健全落实社会治安综合治理领导责任制规定》，坚持奖惩并举，充分运用通报、约谈、挂牌督办、一票否决权制等责任督导和追究措施，压实各地各有关部门预防化解婚姻家庭纠纷的责任。发挥综治工作（平安建设）考评的作用，完善"平安家庭"考评标准，坚持问题导向，将因婚姻家庭纠纷引发"民转刑"重大命案等情况作为"平安家庭"考评的重要指标，引导强化命案防控意识和防控责任。加强督导检查，对于因婚姻家庭纠纷引发的一次死亡3人以上（包括本数，下同）命案，省级综治组织应当会同相关部门组织工作组进行督查，督促当地分析原因，找准症结，研究提出解决问题的具体措施，限期进行整改。对发生因婚姻家庭纠纷引发的一次死亡6人以上命案或一年内发生因婚姻家庭纠纷引发的一次死亡3人以上命案超过3起的市（地、州、盟），要纳入本省（区、市）公共安全、治安问题相对突出的市（地、州、盟）核报范围。

（3）营造良好氛围。以贯彻落实《婚姻法》《反家庭暴力法》《妇女权益保障法》等为重点，禁止包办、买卖婚姻和其他干涉婚姻自由的行为，禁止借婚姻索取财物，禁止家庭暴力。倡导夫妻互相忠实，互相尊重，家庭成员间敬老爱幼，互助友爱，维护平等、和睦、文明的婚姻家庭关系。大力开展婚姻家庭法律法规宣传教育，注重用典型案例和"大白话""身边事"释理说法，努力为建设和谐婚姻家庭关系营造良好法治氛围。加强村居（社区）公共法律服务，推动"一村（社区）一法律顾问"工作，重点加强面向农村的法律咨询、法律援助工作，使广大群众享受到方便、高效的法律服务，进一步增强通过法律途径解决纠纷、维护权益的意识。健全基层群众自治制度，通过制订完善村民公约、社区公约，发挥村民议事会、道德评议会、红白事理事会等作用，引导农民自我教育、自我管理，革除高额彩礼等陋习，树立文明新风。

娟子在河南省清丰县的工作生活日记选

 27 日 **2021年2月**

　　傍晚5点，带上母亲和孩子前几天为我准备的在路上吃的家乡特产及几位"枫桥经验"研究专家赠送的几十本书，还有两本元旦放假时河南省清丰县司法局杨永超局长让我们看的《黄河边的中国》，再次出发前往中原。娟子工作室是从2019年11月25日开始到中原大地河南清丰县践行习近平总书记坚持发展"枫桥经验"指示精神的。

　　《黄河边的中国》是上海一位叫曹锦清的教授在1996年5月12日深入河南调研半年时写的书。这本书真实地记录了20世纪90年代中期河南乡村治理转型升级中的现象。该书出版20多年来一直畅销。我看了此书后，发现到河南的15个月里看到的景象与书中相比已经发生了翻天覆地的变化，所以接下来我也想以日记形式写下每天在河南所经历的内容。

　　我是自驾出发的，老家浙江诸暨到河南清丰的导航距离是 1045 千米。查了天气预报，这次沿途要经过的江苏、安徽、山东等省都是雨雪天气，所以这次我打算开到江苏境内在车上休息一晚，到山东境内再找家酒店休息一晚，第三天即 3 月 1 日中午到达目的地。

　　这次回河南前，我安顿好女儿，请人住我家照顾她。傍晚 6 点半，车子驶过钱塘江，在杭州的高速路口处与一位老教授见面。他把近几年他收集的"枫桥经验"材料集中在 U 盘里交给我，让我在河南好好干，说河南很重视中央学习推广"枫桥经验"的精神。

　　继续赶路，路过习近平总书记"绿水青山就是金山银山"理念的发源地浙江湖州。出了湖州就到江苏无锡境内了，时间已是晚上 9 点。虽然沿路看到北上的自驾车不多，但路对面从河南和安徽方向一路向南的车子很多，估计都是到浙江、江苏等地务工的人们。随便吃了几个母亲为我准备的清明粿，就在车上休息了。

28 日 2021 年 2 月

　　车上一觉醒来已经凌晨 2 点，继续赶路，路过江苏溧阳、常州、南京等地，天下着雨，开车视线不是很好。过了南京二桥，到八卦洲服务区后，我就知道马上要进入安徽境内了。在安徽境内要开 6 小时才到达山东境内。路过安徽滁州琅琊山，想象中应该是课文《醉翁亭记》中"醉翁亭"的所在地。看到路牌上写着京杭运河路段安徽灵璧，想着灵璧的石头好像很有名。去年来回开过 9 趟从浙江到河南清丰县的路。有几次因高速修路要改道，就按着导航走。这次没有路过安徽小岗村。走走停停，到山东境内，路过山东枣庄、铁道游击队故乡薛城，又路过济南地区平阴县，在泰安西下高速，下午 2 点到了泰安地区的肥城。为何要在肥城市住下？查了下资料，因为一是长途开车已经很累，二是肥城是全国百强市，还是西施、范蠡功成身退后的隐居地。发现这个城市就在泰山脚下。这里城市绿化搞得很好，文明标语随处可见，街上每个路口都有志愿者站岗，和交警一起维护交通安全。入住了一家酒店，一看还是浙江人开的。酒店的疫情防控措施做得很好。都说浙江人把生意做到了世界每个角落，果然如此。

 2021 年 3 月

　　早上 8 点继续出发赶路，车子开到肥城南高速路口时，天空中飘起了雪花，风好大，感觉吹得车子都在抖动。路过聊城东阿县。去年东阿县司法局曾经邀请我去讲"枫桥经验"人民调解的课，时任东阿县司法局局长王勇还是全国模范调解员。记得讲课地点在东阿公安局会场，由聊城市公安局副局长、东阿县副县长、东阿县公安局局长李恒庆主持讲话。李副县长是位把公安党建工作做到全国先进的才子诗人型干部。后来东阿县委书记和政法委张书记等分别 4 次来清丰县调研学习"清丰模式"。李副县长还给娟子工作室题了一首为民化解矛盾的诗作，足见东阿县对学习"枫桥经验"的重视。

　　车子路过山东聊城东昌府区时，风雪越来越大。大概 11 点多到达河南清丰县高堡乡境内。高堡乡是有名的菌菇大棚种植之地。乡党委书记王庆敏是带领群众致富不停息的女干部。乡里的法治工作被人民网、《工人日报》、中央电视台等多家媒体报道过。乡里有个化解基层矛盾纠纷的有理通调解工作室，打通了服务基层百姓"最后一公里"，老百姓遇到烦心事在家门口就能解决。

娟子顺路还去看望了去年娟子工作室接待过的当事大姐。大姐看到娟子可亲热了。你对百姓一分好，百姓就对你十分好。习近平总书记说，我们共产党的干部要做人民的勤务员，当老百姓的干部。

下午回办公室上班，处理了几个线上咨询。

2021 年 3 月

上午接到广东、山东等地打来的几个热线电话。

广东的是一位社会工作者，说在网上看了娟子工作室传播"枫桥经验"的事，真不容易。他说这两天他朋友的孩子在父母关心下搞小实验，就想到娟子不在孩子身边，或许会错过孩子成长过程中的某些时刻。娟子听了很感动，感谢这些素不相识的人对娟子和工作室的关心。还有一位是山东东阿的政法系统干部。他致电娟子，给娟子提供了很多工作上的建议。

今天，娟子还与政法委李书记见面，向其汇报工作，谈了清丰县矛盾纠纷的类型和开展调解工作的内容。政法委郝副书记还详细向李书记介绍了娟子工作室和娟子的有关情况。李书记说要对娟子的工作生活多关心，让娟子多培养"娟子式调解员"。娟子表示，将一如既往地开展"娟子式调解员"培养计划。

中午，娟子和大家一起吃了工作餐。席间，大家谈了清丰县法治乡村建设取得的成绩和县委组织部获评全国先进的事情。谈话中娟子还了解了清丰县引进的家具企业虽然不增加税收，但给农民在家门口就业创造了岗位。王书记说有对夫妻一个月可以在家具厂赚

1 万多元。

下午，娟子工作室接待了一位被对方诉至中院的当事人。他想调解，但我和同事告诉他，对方已诉至法院，就只能等待法院通知处理了。

晚上，母亲打电话给我，说摘下了今年春天的第一批新茶，还帮我女儿买了 50 斤米背到楼上。当初母亲反对我来河南，但现在父母支持我安心在河南工作。

2021 年 3 月

早上 7 点不到，我就到办公室开始了一天的工作。上午，有几位群众来咨询问题。

中饭是在综治中心食堂吃的，单位的饮食以面食为主。单位门口马颊河畔杨柳青青，河水清澈，风很大，还有点春寒料峭的感觉。

下午和袁新江书记联系了，他原是老家枫桥镇镇长，现在是璜山镇党委书记，说了下娟子工作室的近况。2017 年 6 月娟子工作室就是在枫桥镇党委书记金均海和袁新江镇长的支持下建立发展起来的。两位领导为娟子工作室成为调解品牌并走向全国付出了很多。这是娟子的荣幸，能碰到这样为民工作、平易近人的领导。

2021 年 3 月

早上 6 点起床，依旧提早一小时到单位上班。提早上班是娟子这几年一直坚持的习惯。2020 年 11 月 15 日人民网刊登的《河南清丰：法治"金钥匙"打开乡村"幸福门"》一文开头就写道："每天早上，蔡娟都会提前一个小时到办公室，干劲十足地安排一天的工作。从'枫桥经验'发源地——浙江省诸暨市枫桥镇到河南省濮阳市清丰县，这位浙江省一级人民调解员，一年前将自己干得风生水起的娟子工作室搬了过来，不远千里将'枫桥经验'的'金种子'播撒到了中原大地。"上午，县妇联通知娟子明天在县企业服务中心参加三八节表彰大会，让娟子再改一下发言稿。其间，接到几个热线电话。

下午，清丰县高堡乡司法所所长找到娟子工作室，说该乡有两户人家因树的归属问题引发桩基地纠纷，虽然村镇出面调解了，但一方不认可要信访，所以所长来咨询娟子工作室看怎么处理好。娟子看了下，两户人家出具的资料都是中华人民共和国成立前的土地归属证明。娟子建议村里再出面跟这两户人家说，他们提供的材料都是中华人民共和国成立前的，后来土改和改革开放后土地又经过了几次调整，现在土地都属于集体。她还建议为了平息两户人家的争执，村里可以先让这块土地保留现状。

这让娟子想起 2020 年底调解成功的一个案子：城关镇有一块公用的土地，一户人家想出资浇筑，方便出行，但是隔壁邻居因为和他有矛盾，所以不同意他出资浇筑。后来当事人就找到娟子工作室处理此案。娟子就给他出了个主意，让他把钱交给政府，让政府出面浇筑这条对大家出行都方便的路。果然后面隔壁邻居没再反对，路修好，双方都得益了。

清丰县离北京只有 5 小时路程，早晚有直达北京的班车。有些有矛盾纠纷解决不了的群众以前总爱往北京信访。现在，基层政府为他们解决、处理问题，信访量也就大大减少。

傍晚，有位曾求助娟子工作室调处家事纠纷的派出所民警说，碰到了一起信访案，他调处了三次都没成功，请求娟子帮忙。

晚上 10 点半接到浙江省诸暨市浬浦镇一位妇女的热线，倾诉丈夫赌博不顾家，娟子对她进行了疏导。

2021 年 3 月

上午应邀参加了清丰县纪念国际三八妇女节 111 周年表彰大会。副县长韩晓东主持会议，会上表彰了全县十个单位妇联工作先进集体、十位巾帼建功标兵和十位三八红旗手。

娟子荣获三八红旗手荣誉称号，还作为三位代表之一在大会做了发言。另外两位发言代表分别是菌菇种植妇女代表和甘薯种植妇女代表。她们为清丰脱贫攻坚做出了贡献，清丰县是菌菇和甘薯种植大县。

组织部郭晓哲部长做了重点讲话。郭部长说，妇女应该把个人理想追求和为清丰县崛起融合在一起，保持身心健康，努力为家庭为社会做贡献，注重家庭，注重家教，注重家风。

2021 年 3 月

一年多来，在河南感觉最孤寂和难过的是双休。因为在工作时间一天到晚忙碌就忘了思念家乡。娟子看过很多离家在外的人写的文章。在一个没有乡音的地方，独自一个人的确会感到时间漫长和孤单。好在现在通信发达，可以通过电话和视频跟家人沟通。

看书之余，我还去公寓的楼下走走看看，看到围墙外的麦苗长势很好，绿油油的。河南是产粮大省，全省有 8500 万亩小麦，为我国的粮食安全生产贡献了力量。

2021 年 3 月

今天，娟子应县妇联邀请，参加了县妇联和农商银行共同举办的"学党史，做先锋，巾帼心向党"活动。县妇联安社蕊主席讲话，谈了举办这次学习活动的意义。大家津津有味地听了清丰县委党校王献丽老师精彩的讲课。王老师带大家重温了中国共产党救中国和带领人民致富奔小康的历史。学习活动上，清丰县柳格镇的妇联主席武瑞英和教子有方的妇女代表孟瑞淑向大家讲述了自己为民服务和教育子女成才的故事。娟子也上台分享了从事人民调解工作，致力平安清丰建设的点滴故事。大家还参观和学习了农商银行党建工作和为民服务事项。

今天，过了个有意义的节日。

2021 年 3 月

上午接待了一位以前调委会调解过，但不同意调解结果再起诉至法院的当事人。他这次来的目的是让调委会出张证明，证明他的案子调解过，大概意思是对方调解时同意过他的诉求。我说既然这一证明对你这么重要，那你当初为何不同意调解结果呢。他说想不到律师说的法律内容和你们调解员说的内容一样。我说调解员们也是依法调解，有些事情采用调解方式省时省力且大都可以当场兑现。他说早知如此，就不上诉了。在河南从事调解工作一年多以来，这样的当事人只碰到过两位。娟子认为，运用调解方法"治未病"比"治末病"好。

2021 年 3 月

上午参加了司法局全国政法队伍教育整顿动员部署会议，这也是响应中央教育、整顿政法队伍的号召。去年有一段时间，娟子和山西吕梁中院的杨法官在网上收集过一批法官知法犯法的案例，想写一篇文章。

中午，路过清丰县金桥二期那条街，看到沿街有很多售卖草莓和桑葚的妇女。卖草莓的一位妇女说草莓是清丰县柳格镇种植的，卖桑葚的妇女说桑葚是清丰县双庙乡种植的。一镇一品，种植农产品，这样有利于产品销售和发展特色产业。尤其是乡村采摘游可以让城里的人们在休闲时间去乡村体验农事采摘活动。这也是城市反哺乡村建设。

上午还收到了"枫桥经验"发源地——浙江省诸暨市枫桥镇枫源村骆根土书记寄来的《枫源村志》。趁着中午休息仔细翻看了该书，编辑得很好，村志是让人了解一个村的好材料。

下午3点突然身体发冷发抖，高烧迷糊了几小时。迷糊中感觉自己在接待当事人和做调解工作。身体发高烧是很难受的，四肢酸痛，昏昏沉沉，所以应该把保持身体健康放在第一位，这样才有利于开展工作。

11
日

2021 年 3 月

　　早上起来，身体好多了，又元气满满地投入工作。清丰县的干部对娟子都很关心。早上高堡乡的王庆敏书记打电话给我，询问我身体好了没有。她说以后身体不好时不要关机，这样就随时好联系，说昨天看到我朋友圈发身体欠佳的信息，她打电话给我，我手机关机了。还有政协的高艳茹老师、司法局的陈瑞丽老师、马村乡调委会的高瑞红老师、大屯乡调委会的高明双等都发信息关心娟子。感谢关心娟子和娟子工作室的人们，清丰县干部的热情让人很感动。

　　上午接待了河南驻马店的政法系统参观团，县综治中心刘跃鹏主任陪同。他们在娟子工作室交流了很长时间，还邀请娟子工作室下次有时间去驻马店讲课交流。刘主任还关心地询问了娟子身体是否康复。

　　临近中午接待了河南中牟县参观团。参观团中有位搞调解工作的领导说常听说娟子工作室，今天总算见到娟子真人了。参观团要走了娟子编写的《枫桥经验之人民调解案例故事》《枫桥经验 调出和谐》两本书及娟子编写的内部培训资料《娟子式调解员培训教材》。

　　下午，在司法局召开了清丰·中牟调解工作座谈会。

　　河南卫视记者在我们杨永超局长陪同下来娟子工作室拍摄了节目。杨局说这篇关于南北矛盾纠纷的文章数娟子有资格写，因为娟子在南方和北方都从事过基层矛盾纠纷调解工作。娟子觉得写这篇文章很难，上次只写了 1700 多字就停笔了。

　　下午从中央纪委国家监委网站上看到了清丰县大屯乡贺庄村覆膜种植娃娃菜和高堡乡唐庄村麦田打除草剂的新闻，为河南的智慧农业点赞。

2021 年 3 月

今天是植树节，清丰县召开县、乡、村三级干部大会。娟子收看了会议全程的视频直播。会上县委书记冯向军说今天是植树节，希望清丰的干部植一棵树种下希望。冯书记如数家珍地谈到了清丰的发展，对清丰的干部提出了"真字当头，干字当先"的要求。冯书记在会上点名表扬了带领群众致富的基层干部。

会上，县长刘兵做了关于清丰县一年来取得成绩的工作报告，强调清丰县用 4 年时间打造了其他地方用 20 多年打造的家具生产基地。清丰县在全国脱贫攻坚战中，有一个集体（清丰县委组织部）和一位个人（马庄桥马村赵玉甫书记）获得全国先进，靠的就是奋斗和吃苦耐劳的精神。

下午，县委政法委书记李养利来娟子工作室看望娟子。他说知道娟子下午工作稍微空点，所以下午过来看望。李书记让娟子继续发挥作用，有事情直接去办公室找他。这也足见新一任的政法委书记对娟子工作室的重视。

下午，县政协通知娟子去取《清丰县国民经济和社会发展第十四个五年规划和二〇三五年远景目标纲要》征求意见稿，下周邀请我们几位政协委员开个会。

下午还接待了经营唐庄果园的县政协委员唐德军，交流了有关工作。

趁空闲时，继续写《南方与北方矛盾纠纷对比分析与调解工作研究》。

13
日

2021 年 3 月

　　上午，司法局召开了司法行政系统教育整顿第二次大会。下周开始，周一、周三、周五，每天一小时分组开展教育整顿学习。会后，去了一趟濮阳万达广场购物和吃午饭，给女儿买了件春暖花开时穿的衣服。到河南后，懂事的女儿很支持我好好工作。

　　回公寓的路上，我花 10 块钱买了一棵龙柏树苗种在了公寓后院最靠围墙的地方。种树时，边上的一位老爷爷上来热心地帮我扶树苗，踩实树根，还不忘提醒我种好后给树苗浇点水。清丰人性格里的热情让人很感动。以后看着树苗长大也是一种喜悦和牵挂，为清丰增添一份绿意。

15
日

2021 年 3 月

　　上午在司法局六楼党员会议室召开了第一小组政法队伍教育整顿会议。规定从本周三开始，学习时间为每周一、三、五下午 3 点到 4 点，原则上不得请假。

　　接到司法局通知，让我代表司法局参加这次全县政法队伍学习个人事迹报告会。感谢单位对娟子的培养。

　　下午接到王守印副局长的通知，邻县南乐县司法局副局长王建国邀请娟子去给他们全县调解员讲"枫桥经验"调解课。王副局长已经联系上娟子，周三早上来接娟子去南乐县讲课。这是娟子第 22 次去全国各地传播交流"枫桥经验"。2019 年开始，娟子应邀到过浙江绍兴、杭州，甘肃玉门、敦煌，天津宁河和静海，河南，江西，广东顺德和深圳等地交流，也学到了很多别的地方学习"枫桥经验"的先进经验。

傍晚，马纪文副局长通知娟子代表县联调委去县里做先进事迹报告。娟子说这应该让县联调委王社花主任去讲。

晚上还接到洛阳偃师市政法委邀请娟子去他们那里宣讲"枫桥经验"和调解工作经验。

16
日 2021 年 3 月

上午准备了明天去南乐县讲课的内容。南乐县讲课的对象是县、乡、村三级调解员。

县联调委开了个会议，主要是重新注意上下班纪律的事和调解员诉调案子繁多及调解员工资少等问题。调解员工资发放不及时也有点挫伤调解员的工作积极性。这好比给娟子的人才补贴每年要"两会"开过，资金审核通过后发一样。去年的话，人才补贴补发都到6月份了，个人的生活开支安排也受到了影响。

中午碰到县委政法委常务副书记郝自献，他说忙完这段时间要带团去枫桥学习取经。

下午接到县委组织部电话，这几天濮阳融媒体要来采访娟子和娟子工作室。为民服务工作的开展离不开党委政府的关心和支持，也离不开媒体的正能量报道。

17
日 2021 年 3 月

今天一大早，南乐县司法局来接娟子去给他们县、乡、村三级调解员培训班讲"枫桥经验"和人民调解工作。参加培训班的有各乡镇司法所所长，县、乡、村调解员。会议由南乐县委政法委朱志刚书记主持。司法局副局长王建国讲话，南乐县法院沙榆木副院长做了关于人民调解工作与法院工作的关系的讲座。娟子和与会的政法干部、调解员们分享了"枫桥经验"发展概况、现阶段矛盾纠纷情况以及日常开展调解工作的方法和心得。

培训班结束后，朱书记还陪同娟子参观了新建的南乐县综治中心。综治中心有接待分流服务台、领导接访室、联合调解室，还专设了心理协会窗口。综治中心一站式为民服务很有亮点，让群众进一扇门，就可找到相应的部门，使诉求问题得到解决。

2021 年 3 月

上午，县委组织部陪《濮阳日报》记者来拍娟子为民调解专题片了。这是濮阳市委组织部在《濮阳日报》开设的一个先锋栏目。娟子是濮阳市优秀党员，所以要在这个栏目"亮相"。采访组先后拍摄了娟子办公场景，下乡田间地头调解、进蘑菇大棚调解、入城里居民家中调解的场景。走村入户了解社情民意，发现：一是在清丰县，几乎每户人家都有一人在外地打工。二是不论乡下还是城里，居民的家都打理得很干净，条件都很不错。老人乐观，孩子礼貌。

居民们都很积极配合拍摄。娟子在与他们的聊天中，还了解了很多清丰县的特色。比如很多以前在外包工程的，看到清丰县现在本地菌菇产业发展势头很好，就回家搞大棚种植菌菇。在菌菇的种植中，政府还免费派菌菇指导员指导，菌菇销路也不错，销往东北和长三角等地。

下午，省委政法委领导来娟子工作室调研、视察。

2021年3月

上午接待了新乡法院一行，娟子给他们介绍了诉源治理，"治未病"，及时化解矛盾纠纷的人民调解工作。参观团赞扬娟子说得真好。

下午，在司法局进行了教育整顿学习，学完后还进行测试。教育整顿要把思想教育融入更好地为民服务中去，而不是看笔记，这也是中央政法委提出的要求。

2021年3月

今日春分，又是周六。早上去看了高堡乡唐庄的辰希园农业庄园，正值杏花谢，桃花盛开。这个庄园有300亩桃树，桃树品种有油桃、黄桃、蟠桃等，桃期不同，便于采摘销售。庄园唐总说，这儿有别于江南踏春看油菜花，这儿的人们还没有乡村赏春的理念，采摘游也不太敢放开，害怕游客把桃子扔得到处都是和破坏桃树。唐总说，因为离城近，所以每亩田向村民租来的租金是1000元，租金和雇工护理庄园费30万元/年，农资投入是30万元/年，所以每年成本是100多万元。庄园里除了种水果，还种有大棚西瓜和正开花的大棚番茄。

看完庄园的桃花，我驱车半小时去了濮阳万达广场购物和吃饭。

下午接到司法局李树珍的通知，去马庄桥镇卫生院打了新冠疫苗。马庄桥镇属于清丰县，在清丰县城和濮阳市的居中位置，所以发展得很好。娟子还欣喜地看到了街道尽头有个人民调解文化广场，足见该镇对人民调解工作的重视和普及。

在马庄桥医院打新冠疫苗时，我看到门诊收费窗口还写着困难群众可以先看病后付费。我觉得这一做法很赞。

21 **2021 年 3 月**
日

今天周日，阳光不错，所以今天洗洗刷刷，搞卫生。接到司法局政治部陈瑞丽主任的电话，修改了代表司法局参加政法系统先进代表发言的演讲稿。

附全文如下：

演讲稿

各位领导、评委：

大家好！我是县司法局娟子工作室的蔡娟，很高兴在此与大家一起分享。

很多人对我从闻名全国的品牌调解室——浙江省诸暨市枫桥镇娟子工作室的负责人变身为清丰县娟子工作室的负责人很不解。而这一切皆源于 2019 年 11 月中旬，我到清丰县联调委考察调解工作的"清丰模式"时，发现"清丰模式"和"枫桥经验"既有相似之处，又有多处创新，特别是清丰县委县政府各级领导对调解工作的大力支持以及县联调委通过机制创新充分调动了调解员的积极性，实现了队伍年轻化，办案数量和质量大幅提升。这些与我传播"枫桥经验"的信心和信念相吻合，让我深深地感觉把"枫桥经验"与"清丰模式"相结合一定会大有作为。于是，我将家中尚需照顾的女儿交予家人，义无反顾地放弃南方的舒适来到了清丰县，并创立了清丰县娟子工作室。

娟子工作室落户清丰县后，我担任了县联调委副主任、县调解协会党支部书记，指导全县的人民调解工作。我与县联调委的同志们一起致力于人民调解工作的创新，设立了老陈、老刘两个品牌调解室，并把调解员分成 4 个调解小组。小组作战提高了承接疑难案件尤其是集体信访案件的能力，比如我们成功调解了新天地物业纠纷等 14 起集体信访案件。我们县联调委设立了视频调解室、调解调度室和智慧民调信息中心，对全县的调解案件实行网上调度和远程指导，加强了全县调解组织间的协作与配合，提高了办案效率，同时可以及时掌握矛盾纠纷动态，为党委政府有针对性地决策和采取措施提供有力依据。我们县联调委还设立了律师工作室和心理疏导室，对情绪激烈的调解对象先进行心理疏导，对不懂的法律问题先咨询律师，调解协议先经过合法性审查，从而提高了办案质量。此外，我们建立了调解员竞技激励机制。从 2018 年 7 月份开始，坚持每月举办一期"我的调解故事"宣讲赛。要求人民调解员从本月调解的案件中挑选出最受启发的一起，在宣讲赛上像讲故事一样讲出来，并且讲出运用了什么调解技巧，适用什么政策法规，受到了什么有益启示。这种竞技化的培训方式不但有利于交流学习、取长补短，而且能倒逼人民调解员平时用心调解和不断提高。截至目前，宣讲赛已经举办了 23 期，调解员素质明显得到提升。

我们还开展了"娟子式调解员"培养计划，编写了 7 万余字的调解员培训实战教材，举办了 7 场调解员培训班，发展了 6 个"娟子式调解工作室"。我个人还拿出 1 万元稿费，设立了娟子式调解员培养基金，激励调解员。我们还深度参与到清丰县"访诉调"对接联动机制中，与县信访局、县人民法院诉调对接中心充分对接，形成了信访接待、人民调解、法律咨询、心理疏导、司法确认、案件速裁等无缝对接和一条龙服务，实现了从信访渠道到法律渠道的正向导流。这一机制的形成，直接促进了信访量的大幅下降。近 3 年来，全县赴京上访量下降 72.6%，到省上访量下降 53.6%，到市上访量下降 44.4%。我们县联调委吸引了众多省内外的考察团前来实地考察学习，"娟子工作室"也得到了河南省委常委、政法委书记甘荣坤的充分肯定，并在全省推广为民服务的"清丰模式"。我本人与洛阳偃师区委政法委合作的矛盾化解社会治理论文，获得了"法治中原"论坛论文二等奖。

"征途漫漫，惟有奋斗。"新的一年，我们县联调委和我将慎终如始，积极参与到政法队伍教育整顿中，秉承"三牛"精神，为平安清丰、和谐清丰做出自己的努力，为建党 100 周年谱写"枫桥经验"的时代新歌。

2021 年 3 月

上午，《濮阳日报》让娟子提供了采访报道需要的有关资料。采访的主题是娟子工作室"千里逐梦路，他乡作故乡"。

下午，司法局教育整顿工作组织我们党员和入党积极分子去单拐和廉园参加活动。

2021 年 3 月

下午，参加司法局党史学习教育会议。认真听了清丰县文化局原局长刘局长做的题为《冀鲁豫抗战精神浅析》的报告。

2021 年 3 月

今天《濮阳日报》刊登了关于娟子工作室的专题报道。

上午，司法局举办了司法行政系统英模报告会，娟子做了汇报。

下午参加司法局政法队伍教育整顿学习会议。

2021 年 3 月

上午，去参加县调解员调解故事宣讲赛。

娟子给调解员们做了第九期娟子式调解员培训。这期培训婚姻家庭纠纷调解的有关课程，讲了我国婚姻家庭纠纷现状和这几年娟子工作室调和的家事纠纷，以及娟子自己总结的婚姻家庭纠纷调处的 7 种方法（用法疏导法、用心倾听法、用情感染法、冷静处置法、溯源调处法、及时阻止法、温情回访法）。

下午，接到通知明天参加县政法系统召开的"人民满意的政法单位（干警）"首场事迹报告会。娟子还是第一次参加事迹报告会呢。

2021 年 3 月

上午，参加县政法系统召开的"人民满意的政法单位（干警）"首场事迹报告会。

下午，参加司法局司法行政队伍教育整顿警示教育大会和专题党课。

2021 年 3 月

因为身体不适，腹泻，所以双休日在公寓休息看书。

2021 年 3 月

上午，县委政法委请来县实验初中的校长周彦伟给参加政法系统英模报告会的政法干部指导汇报时的要点。

下午，参加学习政法系统教育整顿会议，政法委还组织政法干警去了烈士陵园缅怀先烈。

傍晚，去单位附近一家黄焖鸡米饭店吃饭。前几天习近平总书记在福建考察时，他问道，除了福建沙县小吃、甘肃兰州拉面外，还有哪些小吃？边上有个人说还有山东黄焖鸡米饭。这黄焖鸡米饭倒吃过无数次，尤其是到河南后，我喜欢吃米饭，有时会叫这个外卖，今天进这家店才知这个品牌的确是山东济南的。我看了下这家店，文化气息还是挺浓厚的，厨房在食客看得见的地方。正吃饭时，进来一位先生。他对老板说我来参观下你的店，我也想开家这样的店。老板夫妻很热心，毫无保留地向这位陌生人介绍起来。他说他是花钱去山东济南学来的技术，加盟济南店要 20000 元。老板说去年疫情期间为了让生意做下去，还创新了砂锅制作方式，融入了清丰本地人爱吃的胡辣汤，还说厨房那些投资要多少钱，等等。娟子边吃边听他们讲。

想到了我们的娟子工作室。这几年有很多参观团来娟子工作室考察学习。那时在浙江枫桥，娟子工作室一天最多要接待 22 个参观团。有的参观团回去后邀请娟子去讲课交流，有的回去后会远程让我再拍几张详细的工作室照片给他们。贵州、广东、湖南、北京等地的参观团回去后还立马成立了娟子式工作室。像新疆、广州、山东和江西等地就想让娟子工作室远程指导或者加盟娟子工作室。诚如很多参观团或视察的领导所说，成立一个工作室简单，但要找到一个认真、亲近为民的工作室运行者有点难。我想打造家事品牌工作室要付出很多，还要自己不断地创新，如专业的调解员或政法干部会问娟子工作室的理念和体系是什么，等等。这和打造美食小吃品牌一样，除了政府推动，也要运营者不断努力。在此申明，我们娟子工作室不收加盟费、咨询费，因为我们希望将娟子工作室的经验推广出去，化解调和各地的纠纷矛盾，为打造平安中国贡献我们各自的力量。接到政法委郝自献副书记电话，说了党校请娟子给培训班讲课的事。党校的郑要强副校长加我微信跟我联系了，还咨询了我培训的具体内容，并且建议我讲讲"清丰模式"。

30 日 **2021 年 3 月**

上午继续熟悉英模报告会的有关内容和线上处理热线。

下午娟子工作室受理了一个案例。一位妇女怀抱孩子和她的父母来到了娟子工作室。她诉说：家里有两个孩子，现在都是她在照顾，丈夫已经半年联系不上，还把她电话、微信都拉黑了，只听别人说他在外打工和人同居着。她说去年她丈夫诉讼提出离婚时，诉前调解没达成，因为那时她还怀着孕。后来见婚姻无望，她就终止妊娠了。现在她想起诉离婚。

娟子听了，感到她的爱人极不负责，问道：孩子的爷爷奶奶管小孩吗？她立马回答说，孩子是夫妻俩的事，应该夫妻自己照顾才行。娟子听了她的话后，立马对她肃然起敬，因为她和娟子接访过的很多婚姻不幸的女性当事人不同。娟子说如果离婚的话，就要牵涉财产分割、孩子抚养等一系列专业问题。娟子陪她到隔壁律师咨询室，听听律师怎么说。律师说起诉离婚得写起诉状。这位当事人怀里的孩子一直看着娟子，娟子感触颇深，心头有种说不出来的酸楚。娟子本来想对值班律师说，你给她免费写份起诉状，或者娟子自己给她写份起诉状。

家长里短，人间百味。娟子衷心希望人人爱家，人人都有个幸福的家庭，少些烦恼和悲伤。

2021 年 3 月

早上，河北省赵县县委政法委打进热线咨询清丰县教育整顿学习展板的先进做法。娟子拍了综治中心大厅教育整顿学习展板的照片给他们，他们看了点赞。

上午，县联调委开会。内容主要是加强调解员的纪律意识、卫生意识，提高其业务能力，进一步开展承办诉前调解案等工作。

上午还接待了市里的考察团。这位领导提出了扩大"娟子工作室"为民服务的影响力、"清丰模式"影响力的建议。

下午，司法局召开政法队伍教育整顿会。检查组抽查了学员政法教育整顿应知应会知识。

晚上接到纪委通知，明天应邀参加县营商环境会议。娟子是作为县政协委员代表参加会议的。

2021 年 4 月

下午，参加了清丰县营商环境干部作风突出问题专项整治工作动员会。

2021 年 4 月

上午写了第一阶段政法队伍学习教育整顿的收获，听党课和观看警示片及参观冀鲁豫纪念馆的心得。

 2021 年 4 月

今天是放假的第一天，接到陈老师微信，说我昨天用笔敲她的头，她很生气。她说她这么大年纪了从没有人敲过她的头。她说头痛，要去医院看，说昨天是她生日，她很生气。

后来，我用微信把这事告诉了杨局。杨局说河南省清丰县这儿的风俗是不好敲人家头的。比如在南方，你喜欢孩子，抚摸他头是表达喜欢，但在这儿不行。杨局说不知者不罪，沟通好了就好。后来，陈老师就原谅我了。

杨局说，对娟子来说，在清丰三年可能会有三种结果：第一种是荣获国家级荣誉，成为唯一通晓南北矛盾纠纷的调解专家，载誉而归，这是最理想的结果；第二种是成绩一般，维持目前待遇，一直到退休，默默无闻地返乡，这是一般的结果；第三种是半途而废，返乡打工或创业，给人留下笑柄，给自己留下遗憾，这是最坏的结果。

唯有第一种才是我的初心和使命，才不枉清丰之行。

 2021 年 4 月

早上 7 点上班，接待了一批当事人，调解家事纠纷。

接到清丰县组织部通知让我填写参评省优秀党员的事。上次参评全国优秀党员没选上。要感谢清丰县委县政府对我的厚爱，以及司法局杨永超局长和陈瑞丽主任的无私帮助。

下午参加司法局政法队伍教育整顿学习会议。

根据节前通知，明天参加英模报告，我代表司法局参加首轮汇报，这几天也一直在抓紧熟悉汇报内容。

7 日 **2021 年 4 月**

上午接待郑州参观团。

下午娟子代表司法局县联调委参加政法系统英模汇报预讲。

8 日 **2021 年 4 月**

上午学习教育整顿。

下午接待省委学习教育整顿督导组，督导组领导说早就听说、看到过很多娟子工作室的新闻，还夸娟子是一位作家才女。娟子希望娟子工作室为清丰甚至为河南的对外影响力做点贡献。

9 日 **2021 年 4 月**

上午有考察团前来，有位考察团的干部问，有没有专门调处上下级矛盾和同事间矛盾纠纷的调解室。

下午司法局开会学习，也有一批考察团前来学习。

回复了广东顺德等地的几个热线。

2021 年 4 月

上午，在市司法局单位开会。

下午接到县组织部通知，省委组织部党员教育处于 5 月 17—21 日在洛阳栾川举办新任村"两委"干部示范培训班，邀请娟子讲课。我想讲的主题是"坚持发展枫桥经验，做好基层矛盾化解工作"。

傍晚去了山东泰安肥城旅游。肥城离泰山很近，只要半小时车程就到泰山脚下。传说这儿是西施、范蠡功成名就后的隐居地。据说肥城的桃子是古代贡品，皮薄汁多，甜美可口。这里有个高速服务区叫桃源服务区，新建的，设施一流。

2021 年 4 月

中午从山东泰安肥城返回清丰，看了《枫桥经验概论》一书。

2021 年 4 月

上午做课件，这次去党校讲的主题是"坚持发展枫桥经验 推进基层治理现代化"。

下午司法局召开教育整顿第二阶段自查整改会议。

2021 年 4 月

上午做课件。

　　下午省司法厅领导来娟子工作室。省司法厅领导对我们局长说娟子背井离乡来河南，应该给她补贴。我说清丰县委县政府和司法局对基层调解工作很重视。这位领导说早就听说娟子来河南的事，要安排她讲讲课。局长说娟子一直在给乡镇调解员讲课。我说五月底前的讲课已安排好。

　　下午抽空去两个调解室翻看了两份调解员调解的档案。我马上从一份调解档案中看出一处记录员笔误。他们说蔡老师你真是专业和仔细。县联调委有 17 名调解员很专业，调解员队伍老中青都有。

　　下午接待了两批当事人。一位是来咨询交通事故案的，说清丰公安局交警大队没有调解室，只出责任认定书。当事人说起诉麻烦，他想调解。这说明调解理念在清丰的百姓中已普及开来。我告诉他，二楼有我们县联调委交通事故调委会调解员，让调解员帮忙联系一下对方，如果对方同意调解，那么我们专业的调解交通事故调解员就给他调。他深表感谢。热心帮助人民群众解决诉求是我们的职责。

15 2021 年 4 月

日

　　早上，在诸暨普法公众号上读到了一则消息，诸暨有两个家事工作室荣获省先进。一个是诸暨江大姐家事工作室，还有一个是枫桥大妈家事调解室。在介绍枫桥大妈家事调解室时写道：枫桥大妈家事调解室前身是娟子工作室。2019 年娟子工作室负责人蔡娟更是通过人才引进被调往河南清丰县。我看了很感动和高兴，说明娟子工作室的品牌一直都在，浙江诸暨也没忘记娟子工作室。

　　上午，司法局召开了政法队伍教育整顿查纠整改动员大会。杨永超局长讲话。

　　下午，县委组织部副部长董国勇来到娟子工作室，提到关于省委组织部邀请我讲课的事。

2021 年 4 月

上午，组织部董国勇副部长来电询问我上报课件的题目和内容简介。经与司法局杨永超局长商量，我就报了《"枫桥经验"＋"清丰模式"：用法治思维化解矛盾纠纷》这个题目。此次主要讲"枫桥经验"和"清丰模式"及化解矛盾用法治思维的案例。

2021 年 4 月

今天周日，在公寓抄写党史。没有一个人和你面对面讲话，在没有乡音的环境中，有时精神上是很难受的。

2021 年 4 月

明天是我妈妈生日，早上电话没打通。爸爸说老妈进城看望生病的二姨夫了。我就给二姨妈打了个电话，她让我安心工作，说不要记挂。我昨晚还梦见二姨夫身体好了。二姨妈和我妈妈一样对我很好。她很善良，经常帮助有困难的亲戚。我师范三年，二姨妈烧了三年的晚饭给我吃，经常给我钱，包括到现在还每年给我和我女儿钱。好人总是让人记得的。

司法局政治部打电话给我，说下午省委组织部委托市委和县委组织部推荐我评选全省优秀党员的事。

抄写党史。

2021 年 4 月

　　今日谷雨，河南省清丰县下雨了。今天还是我妈妈生日。早上打电话给妈妈，妈妈说她不记得自己生日，只记得摘茶，已经在大湾山上摘茶了。

　　昨晚，县总工会打电话给我，说我被评为县"最美职工"了，要拍个视频，我就把上次《濮阳日报》拍的视频发给他们供参考。

　　上午有参观团前来娟子工作室参观，由司法局李剑副局长陪同。参观团的人说是在网上看了娟子工作室的介绍而来的。他们对娟子工作室的调解工作很认可，拿走了娟子写的两本书。

　　今年来清丰县考察学习的参观团很多，有时一天有两个参观团。

　　天津市宁河区因为学习"枫桥经验"和娟子工作室结缘，合作出版了《枫桥经验 调出和谐》一书。该书成了畅销书，还和第一本书一样获得了诸暨市 2019 年度文化强市精品奖。

2021 年 4 月

　　早上办好当选县人大代表的照片资料，接到政协通知月底开会。感恩清丰县委县政府和单位领导及同事对娟子的厚爱。

　　上午，有位当事人从濮阳市赶过来咨询案子。这起案子的确有点复杂，娟子为了让当事人缓解忧愁和得到满意的回答，除了运用自己所掌握的知识外，还陪她去隔壁法院派驻办公室法官那里和律师工作室律师那里，让她再听听法官和律师的建议。虽然当事人不是清丰的，但我们各部门都热心答复当事人。一是因为外省市当事人信任清丰的为民举措，我们不能辜负这份信任。二是因为人人都有遇到困难纠结时，这时候我们要给予他们贴心的关爱，让他们切身体会党和政府的为民服务理念，避免因烦心事做出对个人和社会不利的举动来。我喜欢边调处边记录，当事人都有个心理和肢体表现：一是看你在认真倾听和记录他们所说的；二是他们喜欢近距离向你倾诉。一杯热茶暖人心，娟子工作室架起政府和群众间的桥梁。

上午还接待了省司法厅参观团，县委政法委书记李养利陪同。李书记说在党校要成立"枫桥经验"娟子式调解员培训基地，外面来参观的除了学习基层治理、听讲课外，还和冀鲁豫纪念馆参观形成线路。和枫桥现在的运行模式一样，经验和经济可以两轮驱动。

中午，县委书记冯向军和县长刘兵及政法委书记、司法局杨局邀请娟子工作室的成员一起吃了工作餐。清丰县委、县政府和各级领导对法治政府建设和人民调解工作很重视。

下午，县总工会来娟子工作室拍摄了有关工作镜头。

晚上，把白天调处过的案子编写成两个案例故事，并打印出来。

22 日 **2021 年 4 月**

上午，接到三门峡义马市的一位同志的电话，说去年来清丰县参观过，想请我去讲网格员培训的课。我咨询了下县委政法委郝副书记关于我们县网格工作的事，他让我找刘跃鹏主任。刘主任热心地为我介绍了县网格工作和网格员开展工作的内容。刘主任指出，我对这方面工作并不太熟悉，建议还是回绝为好。于是，我就回绝了义马市的邀请，但他们说网格员内容他们请别的专家讲，请我来讲讲调解的内容。

下午，看了敦煌女儿樊锦诗的自传。

24 日 2021 年 4 月

今天周六休息，学习并抄写了党史，还试讲了 2 小时的讲课内容。有点想家了，但根据工作安排，可能要到 7 月年休假才回家。

26 日 2021 年 4 月

下午县政协十届第五次会议在清丰华悦酒店举行。

一年多来，政协副主席赵怀欣夫妇给了我无微不至的关怀，和政法委、司法局一样，帮我解决了在清丰的生活问题。

27 日 2021 年 4 月

上午，娟子工作室参加中国人民政治协商会议第十届清丰县委员会第五次会议。会上政协主席戚士杰做了报告，县委书记冯向军在大会上做了重要讲话。

下午，在县商务局，参加我们第二小组社会科学界别委员小组讨论会。县委副书记、县长刘兵，县委组织部副部长李永，政协副主席赵怀欣等参加。我们各位委员做了发言。娟子做了上午参加政协报告的感想发言。最后县长刘兵提出了四点希望，在讲第二点时，刘县长举例肯定了娟子在基层治理中的专业、专一精神。

2021 年 4 月

今天，参加清丰县十五届人大六次会议，这次娟子补选为人大代表，所以娟子既是政协委员又是人大代表。此次当选足见清丰县对娟子工作室的重视、对"枫桥经验"人民调解工作的重视，娟子深感责任重大，使命光荣。

下午，参加在县纪委监委会议室举行的会议。

2021 年 4 月

下午参加了司法局政法队伍教育整顿工作室会议和县总工会"最美职工"活动排练。县华中师范附中的马老师给我们做了辅导，县电视台的孟慧娜也参加了。

2021 年 5 月

因为"五一"后工作排满，所以这个假期我也不回家了。今年工作忙，自从 2 月 27 日回清丰后，再没回家看过父母和女儿。昨晚，司法局杨永超和几位副局长邀请我吃了晚饭，他们自掏腰包。单位给了我尊重和温暖，这更让我能在清丰安心工作。

下午，在县综治中心值班的弓晓方主任来娟子工作室通知明天的开会事项。

河南清丰：一个协会走活人民调解整盘棋

　　司法部调研组蹲点调研，中国政法大学派出由副校长常保国任组长的课题组启动专题研究，327 个考察团纷纷前往，来自浙江省枫桥镇的调解专家蔡娟用两年时间完成《枫桥经验之人民调解清丰模式》一书，《人民日报》要闻版头条和《法治日报》头版头条予以深度报道，中共中央政策调研室《学习与研究》和司法部《人民调解》杂志长篇刊载。人民调解"清丰模式"已经是近乎传奇的存在。我们央视《法治观察》栏目组决心一探究竟。

　　资料显示，清丰县多年来一直是个信访大县，矛盾纠纷易发多发频发，信访案件量居高不下，经常因此受到上级批评和问责，也严重影响了社会稳定和经济发展。人民调解是社会稳定的第一道防线，是化解矛盾纠纷的生力军，但是以往发挥的作用并不理想，主要是在体制机制上存在诸多弊端，人民调解员队伍不强、积极性不高，全县调解组织各自为战，形不成化解矛盾纠纷的合力。清丰的人民调解工作系列创新正是在这种背景下于 2018 年初开始启动的。

　　"2018 年初，我让新上任的局长杨永超在人民调解员工资表上签字，他问有没有劳动合同，我说没有，他就立刻召集律师和有关股室负责人进行研讨，并且还开展了专题调研。"清丰县司法局会计陈广霞介绍道。

经过一番调研，最终认定人民调解员的劳动关系是有问题的。因为《中华人民共和国人民调解法》第十三条明确规定，人民调解员由人民调解委员会委员和人民调解委员会聘任的人员担任。而人民调解委员会属于群众性组织，并非实体法人，没有机构代码和银行账户，无法签订劳动合同和发放报酬，更无法缴纳保险。因此，有的地方由乡镇政府代发，有的地方由司法局代发，劳动关系未理顺。

"当时就有人说，这是各地都普遍存在的一个共性问题，属于制度性漏洞，没有办法。但是我们没有因为它是普遍存在的问题而轻易放过。经过一番调研和探讨，我们提出通过组建人民调解员协会的办法解决这一问题。经请示上级司法行政部门，得知外地还没有类似做法，无可供借鉴的经验，而且这样做到底合不合规、可不可行，都还拿不准。"清丰县司法局基层股股长张英伟说。

经过认真谋划，清丰于 2018 年 6 月份毅然组建了全省首个县级人民调解员协会。经公开招标，成为全国第一个承接政府购买调解服务的人民调解员协会。75 名专职人民调解员由协会统一招聘并派遣到县乡各人民调解委员会。劳动关系未理顺的问题得到彻底解决。

"通过组建协会，不仅理顺了劳动关系，而且解决了一系列问题，一环扣一环走活了人民调解整盘棋。"清丰县司法局党组书记、局长杨永超如数家珍般地进行了详细介绍。归纳起来，有以下五个方面的问题：一是年轻化问题。由于理顺了劳动关系，劳动合同可以签订了，各种保险可以缴纳了，调解岗位对年轻人就有了吸引力。

随着 30 名年轻人的加入，调解队伍老龄化问题得以解决。二是智能化问题。由于年轻人的加入，全县每个 3 人调解小组都配备了 1 名年轻调解员，从而让智慧调解系统得以运行，智能化手段得以运用。三是效能化问题。协会利用钉钉 App 对分散在各自岗位上的调解员进行考勤，利用智慧调解平台对调解案件量和调解成功率进行考核。根据绩效考核情况发放报酬、兑现奖惩，调解员的积极性得到充分调动，整体工作效能得到大幅提升。四是职业化问题。人民调解员队伍要实现可持续发展，必须走职业化的路子。为了留住优秀人才，培养高层次的专业调解员队伍，协会出台了全省第一个《职业调解师制度》。规定达到一定条件的优秀年轻调解员经考核可由协会聘为职业调解师。职业调解师分为初、中、高、特四级，每级分 1、2、3 三档，职级与待遇挂钩。这一制度的实施，让年轻调解员感觉有了奔头，从而培养和留住了一批优秀人才。至目前为止，已有 15 名调解员脱颖而出成为第一批职业调解师。五是拳头化问题。以往的调解组织多各自为战。法院聘请 2 名调解员就是诉调对接，信访局聘请两名调解员就是访调对接，公安派出所聘请两名调解员就是公调对接。其实根本形不成合力，效果也不尽如人意，而要形成合力就需要一个统领全县调解员的组织。协会就发挥了这样一个作用。协会的组织力，把全县人民调解员拧成了一股绳，可以随时进行案件和力量调度，这为建立全国第一个"访诉调"对接联动机制，形成信访接待、人民调解、法律服务、心理疏导、司法确认、简案速裁、领导接访等一条龙服务提供了可能。

　　"清丰的可贵之处在于并非一开始就谋划了这样一个'清丰模式'，而是从揪住人民调解员劳动关系未理顺这一问题不放开始，通过组建协会理顺关系之后，又以协会为依托，一直在埋头发现问题、分析问题、解决问题，3 年多时间一共解决了 4 大类 21 个痛点堵点问题。等问题解决了，效果出来了，上级让报经验材料时才归纳总结出人民调解'1133 模式'。司法部调研组蹲点清丰调研后将这一模式称为'清丰模式'，并且在全国人民调解员协会秘书长会议上要求作为样板向全国推广。"来自"枫桥经验"发祥地浙江省枫桥镇的调解专家蔡娟评价说。

据悉，蔡娟原是浙江省诸暨市枫桥镇娟子工作室负责人，在全国颇有名气。她写的畅销书《枫桥经验之人民调解案例故事》上榜中宣部、农业农村部联合评选的"农民喜爱的百种图书"。2019 年 11 月，蔡娟到清丰蹲点调研人民调解"清丰模式"，考察之后决定留在清丰工作，并且把"娟子工作室"搬到了清丰。清丰为充分利用娟子这一活教材，深入学习枫桥矛盾化解实战经验，实施了"娟子式调解员"培养计划，成立了以蔡娟为书记的人民调解员协会党支部，坚持每月举办一期调解员培训班。一年多时间，已培养出 15 名品牌调解员和 7 个品牌调解工作室。

我们看到，蔡娟正在编写的新书《考察团经常问到的 60 个问题》以问答的形式详细介绍了人民调解"1133 模式"。所谓"1133 模式"，第一个"1"是指组建一个协会（人民调解员协会）理顺关系。第二个"1"是指实施一个计划（"娟子式调解员"培养计划）提升素质。第一个"3"是指建立三个机制激发动能：一是奖惩激励机制。将调解员的报酬由固定补贴改为多劳多得、赏罚严明的绩效补贴，充分调动了调解员的积极性。二是身份激励机制。通过《职业调解师制度》，培养和留住了一批优秀的调解人才。三是竞技激励机制。每月举办一期"我的调解故事"宣讲赛，既促进了经验交流和人际交往，又增强了调解员的职业荣誉感。第二个"3"是指构建三个联动凝聚合力：一是"访诉调"联动。县法院的司法确认和简案速裁、县司法局的人民调解和信访局的接访三支队伍集中在综治中心办公，形成了有机配合联动机制。二是"律心调"联动。公共法律服务协会、心理学会和人民调解员协会建立合作机制，律师、心理咨询师、人民调解员高度配合，提高了调解成功率。三是"县乡村"调解组织联动。成立县联合调解委员会，通过智慧调解平台和网格化管理系统，对全县调解组织统一管理调度，强化协作配合，形成了拳头效应。

"1133 模式"效果到底怎么样呢？我们看到这样一组数据：往年清丰县成功调解的案件量仅有 1000 起左右，2018 年 6 月份启动新模式后当年达到 4801 起，第二年达到 5022 起，第三年达到 6266 起，第四年达到 6741 起。与此同时，信访量大幅下降。2018 年当年赴省到京越级访量就同比下降 72.6% 和 53.6%，之后又逐年下降。信访稳定和平安建设成为全省的先进典型。三年多时间，全县调解组织共收到群众送来的锦旗 378 面。

在清丰县司法局的荣誉墙上我们看到了"全国模范人民调解委员会""全省人民调解工作先进集体""全省先进基层党组织"等荣誉匾牌。在 2021 年度政法单位安全感和满意度调查中，清丰县司法局以 97.74% 的满意度在濮阳市政法单位中排名第一，被省委表彰为"全省人民满意的政法单位"。

人民调解"清丰模式"课题组组长中国政法大学副校长常保国评价说："清丰县人民调解'1133 模式'探索了在新形势下矛盾纠纷多元化解的新路径，走在了全国前列，而且卓有成效，值得学校深入研究。"

（本文刊载于廉政中国网，有删改）

蔡娟：将人民调解员制度落到基层、落到人民心中

"谢谢你们解开了我的心病，以后我一定和丈夫好好经营自己的家庭。"在河南省濮阳市"娟子工作室"，从争吵埋怨到互相谅解，一件件"家事"得到和解，基层"婚姻家庭纠纷预防化解工作室"模式正在发挥实效。

不远千里"化干戈"

娟子工作室的创办人名为蔡娟，曾是浙江省一级人民调解员。2019 年她将自己干得风生水起的"娟子工作室"从浙江诸暨市枫桥镇搬进河南清丰县，致力于将"枫桥经验"与"清丰模式"的创新融合发展，用心用情用力化解矛盾纠纷守护平安和谐。

为什么"抛家舍业"，不远千里去河南？"我从清丰的创新举措中受到很多启发，那次清丰之行是一次'传经'之行更是'取经'之行。"蔡娟告诉中国妇女报全媒体记者，初到河南调研，她发现清丰模式和枫桥经验有相似之处又有多处独特魅力，尤其是通过机制创新充分调动了调解员的积极性，实现了队伍年轻化，办案数量和质量大幅提升。"这里有灵活的'访诉调'对接联动机制、广泛

辐射的司法调解机制、智能化调解员的设备……"蔡娟回忆当初的
"大开眼界"，仍十分激动。恰逢当时清丰县司法局递上了"橄榄
枝"，诚邀蔡娟以特殊人才的身份加入。反复思考，蔡娟决定"挑
起担子"，做一个开疆扩土的"外乡人"。

"独自远行，目的地河南省清丰县司法局。"这是 2019 年 12
月 18 日，蔡娟在朋友圈珍重写下的一段话，那天起，她踏上了一
段"追梦"的征程，一个新的基层法律救助的梦想，在心中落地生
根。出发前，蔡娟随身携带的除身份证、手机、包、枫桥香榧外，
还有"枫桥经验"U 盘、一颗党徽及一种信仰。"我放弃优厚与舒
适生活来到陌生的地方，看中的不是清丰的待遇，而是热火朝天的
创业氛围和充满希望的清丰模式，我相信枫桥经验与清丰模式相结
合一定会大有作为。"蔡娟坚定地说。

如鱼得水"搭班子"

"蔡娟是我们从枫桥镇引进的特殊人才，要安排好工作、解决
好待遇、关照好生活，要让她在工作上感觉如鱼得水，在生活上感
觉如家温暖。"一到新工作岗位，组织上的温暖迎面而来，给予了
蔡娟极大的信心和决心："我不能辜负组织上对我的厚望，不仅要
办好娟子工作室，而且要出一批娟子式的品牌调解员。"蔡娟深知，
她要带给这片土地的不仅仅是个人经验，更是燃遍中原大地"基层
民主法治"的火种——人民调解员的培育机制。

如何将"枫桥经验"与"清丰模式"相互融合，发挥出"1 ＋
1 ＞ 2"的效果，是蔡娟最先思考的问题。为此，在当地司法等部
门的大力支持下，蔡娟组织实施了"娟子式调解员"培养计划，坚
持每月举办一期调解员培训班，每两个月带一名学员，并加班加点，
用半年时间编写了 7 万余字的培训教材。她还根据近几年的调解工
作经验，撰写了《"三治融合"与新形势下经济社会矛盾调解创新

研究》《枫桥经验的践行者——从江南的枫桥到中原的清丰》《枫桥经验之人民调解清丰模式》等一系列作品，不断强化基层调解理论指导。同时，为激励调解员快速成长，蔡娟特意从稿费中拿出 1 万元设立"娟子式调解员培养基金"。

"在清丰，做一名人民调解员十分光荣！"蔡娟的得意门生高明双大学毕业就到清丰县大屯乡担任专职人民调解员，刚来时，周围群众对她颇多疑问，认为刚毕业的年轻人还没有成家立室，怎么会善于调解家事呢？高明双没有被难住，上岗后抓住机会拜蔡娟为师，培训场场不落，一有困惑就向蔡娟请教。有一次，几名妇女被服装厂欠薪，讨薪无门，高明双找来了值班律师，咨询了几名妇女与企业签订的合同性质，又将企业负责人请到了现场。高明双推心置腹，晓之以理、动之以情，反复劝说后，负责人当场打下欠条，约定还款期限。一年之后，高明双被清丰县人民调解员协会聘为职业调解师。

"优秀年轻调解员经考核可由人民调解员协会聘为职业调解师。"这在清丰，是一项效果理想的机制创新，待遇相应提高。身份有了，待遇提了，调解员干劲更足了。不仅如此，蔡娟在实践中深刻认识到发挥广大女性调解员力量的重要性，她积极与市妇联沟通对接，创新建立了"娟子工作室＋妇联"模式，将各级妇联干部、巾帼志愿者、好媳妇等纳入培养计划，通过线上线下传经验、教方法、授技巧，提高她们预防化解矛盾纠纷的能力水平。

事事回应"暖民心"

"哪里有需要，哪里就有人民调解员。"今年大年初一，本是团圆欢聚的日子，蔡娟却匆匆收拾行装，从浙江老家赶回清丰。原来，一位当事人与丈夫发生纠纷后，一气之下离家出走。感到委屈难消的当事人打通了娟子的电话，情绪越来越激动，娟子担心当事人打不开心结走极端，再三思虑决定驱车赶回。

"想不到娟子为我家的事，正月初一赶回清丰。"当事人见到娟子后，感动不已，情绪上平复很多。娟子为当事人提前准备了热水和红枣粥，观察了她的情绪状态，一番疏导后又指出了她与丈夫各自的不对之处，再趁热打铁讲了几个家事纠纷案例。见当事人有所触动后，娟子开车送她回家又耐心劝解夫妻二人，二人听后反思良久。慢慢地，这起感情纠纷在娟子的努力下彻底得到化解。

婚姻家庭纠纷调解最难的是要做到"情法并重"。蔡娟列举，调解员会先安抚双方情绪，再把子女抚养、再婚风险、夫妻责任义务等一一掰开来分析，兼顾"法理"与"情理"，让夫妻双方领悟到彼此的重要性、家庭和睦的深远影响。"家庭纠纷看起来是一件小事，但如果不及时化解，就有可能由民转刑，希望能用我们工作室的真心温暖当事人的心。"蔡娟介绍，"娟子工作室"也是妇联扶持培育的工作品牌，调解后发现生活存在困难的，濮阳市妇联还会联合多部门对有现实需要的困难家庭进行帮扶，弥合因经济困境导致的家庭情感裂痕。

如今，在濮阳，"娟子工作室"已逐渐成为家事调解的响亮品牌，并辐射带动了县乡村（社区）三级"娟子式家事调解工作室"的创建，组建了一批由公检法、律师、心理咨询师等专业人员引领，"妇联干部＋专业志愿者"构成的专业"家事"调解队伍。随着清丰县"千人计划，百人培养"调解员培训工程的开展，工作室已线上线下培训调解员 2000 余次。各级工作室以婚姻家庭纠纷预防化解工作为切入点，持续推动妇联组织嵌入、工作融入、力量加入基层治理，将"娘家人"的温暖送到妇女群众身边，为婚姻家庭纠纷的调处化解注入了专业力量。

（本文刊载于 2023 年 3 月 31 日《中国妇女报》）

有事找调解　高效又方便

——创新智慧调解，完善治理效能

有矛盾，先找调解，在河南省清丰县，人民调解这一制度优势正转化为破解基层矛盾的治理效能。近年来，清丰县成功调解案件量由每年 1000 余件增加到 6000 余件，信访量大幅下降，诉讼案件得到有效分流，基层矛盾纠纷得到及时化解。

走进河南省清丰县综合治理中心办事大厅，触摸大屏"点将台"映入眼帘，不时有群众走到屏幕前查看专职人民调解员信息，预约专职调解员，帮助自己化解矛盾、解决问题。

调解室里唠　矛盾不出乡

"你们帮我管管，我家的地被别人种上树了！"清丰县高堡乡小辛庄村民唐全府来到高堡乡调解工作室寻求帮助。

唐全府跟王自臣做了 17 年邻居，门口一块地基的归属问题一直没谈拢。夏天，王自臣在这块土地上种起了树。唐全府看见后情绪非常激动，多年积怨一下子爆发，他一门心思要去法院打官司、讨公道。

　　"要不还是先去乡里调解室试试吧。"和家人一商量，唐全府来到高堡乡调解室。当天值班的专职人民调解员李照坤接待了他，登记过后，李照坤答应为他协商解决。

　　可一个月下来，李照坤数次同村委会工作人员入户劝解，矛盾却始终未能化解。"你们没有档案记载，就知道和稀泥。"王自臣不服。李照坤没有放弃，他继续认真分析案情，花了一周时间查阅村里的相关历史档案，找出了十几年前的原始数据，确认了土地使用权的归属。

　　在农村，档案并不好找，看着从一沓沓老纸张里找到的自家的原始资料，双方都被调解员锲而不舍的工作精神所感动，加上白纸黑字的地契摆在眼前，最终唐全府和王自臣达成了一致。

　　清丰县于 2018 年 6 月组建了河南省首家县级人民调解员协会，每个乡镇配备 3 名专职人民调解员，全县一共 75 名人民调解员。其中，不少专职人民调解员是司法所退休职工。"矛盾纠纷解决涉及群众生活的方方面面，矛盾解决了，村里才能更好发展。"李照坤说道。

纠纷不过夜　化解在云端

　　"就是 500 块，一分不能少！"

　　"我不是故意的，你要价太高，这是讹人！"

　　前段时间，清丰县固城镇刘张庄村的网格员程云超在村里巡查，听到不远处传来争吵声。到场后发现是村民都献周维修房子时，不慎将邻居刘琴娥家屋顶的部分瓦片弄碎了。刘琴娥向都献周索要 500 元赔偿，都献周不同意，两家人争执起来。

　　程云超平复当事人情绪后，立马打开手机上的综合治理应用"平安通"，在"问题上报"页面中将现场情况归类为"邻里纠纷"进行上报。固城镇综合治理中心接到信息之后，在后台将矛盾转派给固城镇专职人民调解员刘庆保。刘庆保不到 10 分钟就赶到现场。

"咱先不着急，去村里矛盾调处室坐下聊一聊。"来到矛盾调处室，刘庆保端上热茶，与两家人拉起了家常。一开始两家人沉默不语，刘庆保与程云超回忆起两家人一起修缮门前平台的事情，气氛逐渐热烈了起来。

刘庆保话锋一转："你看，老邻居这么些年，老都你安排人把刘琴娥家的房子修好。琴娥，咱也不要索赔了，双方各退一步，怎么样？"

"我没问题。"刘琴娥最终答应了。

"我马上就找人去修。"见刘琴娥答应，老都说。

固城镇的综合治理中心大厅有一块大屏，各村网格员上报的矛盾汇集于此，综治中心的值班人员条分缕析，将矛盾分门别类地分配给专职人民调解员，确保矛盾及时处理，不积攒、不拖沓。

综治大厅里还有一间云端调解室，可以与县里的人民调解委员会连线。当地村民陈付周对此称赞有加："这个云端调解把县乡村三级调解连接在了一起，解决问题真迅速！"

制度有保障　干劲更足了

调解效果好不好，关键在调解员队伍。

"在清丰，做一名人民调解员十分光荣！""90 后"高明双大学毕业就来到大屯乡担任专职人民调解员。刚来时，周围群众对她颇多疑问："刚毕业的年轻人，到底行不行？别干两天就走了。"

入职伊始，几名妇女吵闹着走进大屯乡综合治理中心。她们是大屯乡一家服装厂的工人，被欠薪两个月。她们讨薪无门时，听说乡里来了名大学生调解员，就想着来"试试运气"。

高明双找来了值班律师，咨询了合同性质，又将企业负责人请到了现场。高明双推心置腹，晓之以理、动之以情，反复劝说后，负责人当场打下欠条，约定还款期限。

一年之后，高明双被清丰县人民调解员协会聘为职业调解师。清丰县司法局通过绩效奖励等多种方式，鼓励年轻人参与到基层调解治理中。优秀年轻调解员经考核可由人民调解员协会聘为职业调解师，待遇相应提高。身份有了，待遇提了，调解员干劲更足了。

清丰县综合治理中心二楼，是"娟子工作室"等品牌调解室。2020 年 1 月，清丰县启动"娟子式调解员"培养计划，由资深调解员蔡娟授课，为年轻调解员传授经验。高明双抓住机会，拜蔡娟为师，培训场场不落，一有困惑就向蔡娟请教。

"看到越来越多的年轻人投入人民调解这项工作中，我更有信心，希望我也早日成立自己的调解工作室。"谈到未来，高明双说。

（本文刊载于 2022 年 2 月 15 日《人民日报》）

后　记

　　娟子工作室于 2017 年 6 月 30 日在"枫桥经验"发源地浙江省诸暨市枫桥镇成立，在各级妇联指导下专门从事家事类矛盾纠纷的预防化解工作，成立之初就开通了 24 小时为民服务热线，及时接听全国各地打进的咨询和求助电话。

　　2019 年 11 月，河南省清丰县学习"枫桥经验"，引进娟子工作室。娟子工作室落户清丰后，继续传播践行"枫桥经验"和创新推广人民调解"清丰模式"。

　　2022 年 10 月，濮阳市妇联和清丰县妇联相继发文推广"娟子式家事调解工作室"和"娟子式调解员培养计划"。作为娟子工作室的创办人，我加班加点组织各地从事家事类调解工作的专家和长期从事基层家事调解工作的调解员，齐心协力、博采众长，编写了这本新书。

　　在此，要感谢娟子工作室成立以来一直关心支持工作室的杨青玖、王延青、余广庆、潘奇峰、戚士杰、王建国、冯向军、刘兵、岳洪波、张军英、蒋智敏、王玎、董国勇、李永、葛英华、贺利、李卫红、金均海、袁新江、李全甫、王勇、张华、杨仲坚、郝自献、吴建人、陈莹、屠永生、何贝、何珠华、陈均明、斯舜威、斯剑光、斯舜厚、古美丽、吴颖、蔡平、陈文东、韩素娇、于洋、乔桂花、周小海、马祖军、丁钟、谢优越、斯海龙、宣汉康、宣永明、张晓桐、蒋宇红、冯塈秀、顾国莉、谢新军、陈瑞丽、寇俊省、周彦伟、白自甫、曾祥涛、何曾武、姜巍、徐观龙、陈静、蔡勤地、罗继江、韩国庆、樊幸运、段娟、弓晓方、钱吉寿、金伯中、赵林中、周韦君、斯江秀、斯净之、斯多林、何金颖、陈强、蔡天军、王岳峰、陈荣周、弓晓飞、吴志军、郭继军、李娟、陈泉永、曹建国、李红献、刘豫、职明亮、蔡国治、倪巧丽、侯月飞、斯徐峰、张瑾、李晴朗、骆根土、王海军、俞丽琼、夏秀芳、李萍、郦鸿燕、傅新伟、孙陈超、郭剑扬、斯章梅、王秀丽、孙哲丽、陈冬琴、陈树茂、陈海堂、李芳、孙巧淑、源泉、郭善杰、韩晓慧、张隆敏等朋友，也感谢我父母和我女儿郑舒妍为我远行中原传播践行"枫桥经验"忍受牵挂和思念。

由于本书编写时间仓促，疏漏谬误在所难免，敬请大家批评指正。

蔡　娟

2023 年 1 月 28 日